essentials

Essentials liefern aktuelles Wissen in konzentrierter Form. Die Essenz dessen, worauf es als „State-of-the-Art" in der gegenwärtigen Fachdiskussion oder in der Praxis ankommt. *Essentials* informieren schnell, unkompliziert und verständlich

- als Einführung in ein aktuelles Thema aus Ihrem Fachgebiet
- als Einstieg in ein für Sie noch unbekanntes Themenfeld
- als Einblick, um zum Thema mitreden zu können

Die Bücher in elektronischer und gedruckter Form bringen das Fachwissen von Springerautor*innen kompakt zur Darstellung. Sie sind besonders für die Nutzung als eBook auf Tablet-PCs, eBook-Readern und Smartphones geeignet. *Essentials* sind Wissensbausteine aus den Wirtschafts-, Sozial- und Geisteswissenschaften, aus Technik und Naturwissenschaften sowie aus Medizin, Psychologie und Gesundheitsberufen. Von renommierten Autor*innen aller Springer-Verlagsmarken.

Ulrich Vossebein · Gabriele Hildmann · Stefan Wengler

Lead-Management

Prozesse – Menschen – Daten

Ulrich Vossebein
Labor für Innovationsmanagement
Technische Hochschule Mittelhessen
Kronberg/Taunus, Deutschland

Gabriele Hildmann
Kronberg/Taunus, Deutschland

Stefan Wengler
Fakultät Wirtschaftswissenschaften
Hochschule Hof
Bayreuth, Deutschland

ISSN 2197-6708 ISSN 2197-6716 (electronic)
essentials
ISBN 978-3-658-44534-8 ISBN 978-3-658-44535-5 (eBook)
https://doi.org/10.1007/978-3-658-44535-5

Die Deutsche Nationalbibliothek verzeichnet diese Publikation in der Deutschen Nationalbiblio-
grafie; detaillierte bibliografische Daten sind im Internet über https://portal.dnb.de abrufbar.

Planung/Lektorat: Barbara Roscher
Springer Gabler ist ein Imprint der eingetragenen Gesellschaft Springer Fachmedien Wiesbaden
GmbH und ist ein Teil von Springer Nature.
Die Anschrift der Gesellschaft ist: Abraham-Lincoln-Str. 46, 65189 Wiesbaden, Germany

Das Papier dieses Produkts ist recyclebar.

Was Sie in diesem *essential* finden können

- Grundlagen des Lead-Managements und die notwendige Erweiterung des Lead-Management-Prozesses zur Entschärfung der Schnittstelle Marketing – Vertrieb.
- Eine umfangreiche Darstellung der einzelnen Schritte im Lead-Management-Prozess sowie operative Hilfestellungen zur Effizienzerhöhung.
- Die Ableitung der hohen Bedeutung der digitalen Transformation sowie einen Einblick in die Möglichkeiten und Grenzen der Künstlichen Intelligenz im Lead-Management.
- Den Weg zur Exzellenz im Lead-Management durch die synchrone Weiterentwicklung der Basisdimensionen Prozesse, Menschen und Daten. Hinweise, wie sich sinnlose Investitionen im Lead-Management vermeiden lassen.
- Eine praxisorientierte Checkliste zur Einführung oder Verbesserung eines Lead-Management-Prozesses. Durch die strategischen und operativen Aspekte, können sowohl die Effektivität als auch die Effizienz im Lead-Management deutlich erhöht werden.

Einleitung 1

Über die zunehmende Bedeutung des Lead-Managements gibt es keinen Zweifel: Der intensive globale Wettbewerb führt zu einem kontinuierlichen Verlust von Kunden. Gleichzeitig fordern die Eigentümer und Gesellschafter der Unternehmen permanentes Umsatz- und Gewinnwachstum. Diese Konstellation in vielen Märkten führt somit automatisch dazu, dass Unternehmen gezielt neue Kunden akquirieren müssen. Der bisherige Kundenstamm reicht in der Regel nicht mehr aus, um die zukünftigen Umsatz- und Renditeziele erreichen zu können.

Mit der Suche nach diesen potenziellen Neukunden beginnt der Lead-Management-Prozess in den Unternehmen – und endet mit der Integration des Leads in die Verhandlungsvorbereitung (Lead-Integration). Trotz seiner Bedeutung ergeben sich in der Lead-Management-Praxis eine Vielzahl von Hemmnissen, die einer erfolgreichen Umsetzung im Wege stehen. Einerseits sind die Prozesse in vielen Unternehmen nicht umfänglich definiert, andererseits fehlen die notwendigen Daten bzw. werden die vorhandenen Daten nicht effektiv genutzt. Eine weitere große Herausforderung stellt die Schnittstelle zwischen Marketing und Vertrieb dar, an der häufig der Erfolg der Neukundengewinnung scheitert.

Die Bedeutung der Zusammenarbeit von Marketing und Vertrieb sowie des richtigen Umgangs mit Daten wird in der aktuellen Studie von ADITO „Smarketing – Die Zukunft von Sales und Marketing" erneut deutlich zum Ausdruck gebracht.[1] Im März 2023 wurden 250 Probanden online befragt. 26 % der befragten Unternehmen kamen aus dem Produzierenden Gewerbe, jeweils 22 % aus den Bereichen Dienstleistungen bzw. Handel. Weiterhin befanden sich Teilnehmende aus der IT-Branche sowie aus Öffentlichen Unternehmen in der Stichprobe.

---

[1] (AditoSoftware GmbH 2023).

U. Vossebein et al., *Lead-Management*, essentials, https://doi.org/10.1007/978-3-658-44535-5_1

Befragt wurden Geschäftsführer/Vorstände (31 %), Leiter Marketing/Vertrieb (31 %) und Mitarbeitende aus den Bereichen Marketing und Sales (38 %). Bei 94 % der Unternehmen lag der Hauptsitz in Deutschland. Folgende Key Findings förderte die Studie zu Tage:

- 90 % der Befragten gehen davon aus, dass eine Verbesserung der Zusammenarbeit zwischen Marketing und Vertrieb zu Umsatzsteigerungen führt.
- In der Datennutzung liegt ein hohes Potenzial. 1/3 der Unternehmen nutzt die erhobenen Daten nicht. Die Probleme liegen vor allem bei den Mitarbeiterkapazitäten, den fehlenden Schnittstellen sowie den unvollständigen Datensätzen.
- Die Zusammenarbeit zwischen Marketing und Vertrieb kann stark verbessert werden. Hierbei kann die gemeinsame Nutzung von Projekttools positive Entwicklungen unterstützen.

Bezogen auf das Lead-Management könnte man positiv festhalten, dass die zentralen Herausforderungen erkannt wurden. Jetzt fehlt nur noch eine entsprechende Veränderung des Status Quos.

Da gerade beim Lead-Management die Datengewinnung und Datennutzung stark im Fokus steht, stellt sich die Frage, warum in vielen Unternehmen selbst die vorhandenen Daten nicht optimal genutzt werden. Hierzu liefert die Studie folgende Begründungen:

- Unvollständigkeit der Daten (47 %)
- Fehlende Schnittstellen, Daten sind in mehreren Systemen (44 %)
- Fehlende Kapazitäten der Mitarbeiter (44 %)
- Schlechte Datenverfügbarkeit (43 %)
- Fehlende Übersicht/Filter (41 %)

Die Probleme der Zusammenarbeit lassen sich sicher auch darauf zurückführen, dass in 51 % der Unternehmen Marketing und Vertrieb zwei getrennte Abteilungen sind. 18 % der Befragten gaben an, dass die Abteilungen zwar getrennt sind, aber gemeinsame Projektteams bilden. Lediglich in 27 % der Unternehmen sind Marketing und Vertrieb in einer Abteilung zusammengefasst.

Bezogen auf die Lead-Generierung zeigte sich, dass ungefähr gleich viele Unternehmen angaben, dass diese im Marketing bzw. im Vertrieb stattfindet. In 22 % der Fälle werden externe Dienstleister mit der Lead-Generierung beauftragt – Tendenz steigend.

Auf die Frage, wie sich die Zusammenarbeit zwischen Marketing und Vertrieb in Zukunft verändern wird, gaben 29 % der Befragten an, dass das Marketing die Leads intensiver für den Vertrieb vorqualifizieren wird. Der Aussage, dass der Vertrieb Informationen liefert, damit die Leads optimal qualifiziert werden können, wurde von lediglich 17 % der Befragten zugestimmt.

Die zahlreichen Ergebnisse der ADITO-Studie machen vor allem eines deutlich: Daten haben bei der digitalen Transformation des Vertriebs und somit auch beim Lead-Management eine herausragende Bedeutung. Dass vieles noch nicht wie gewünscht (automatisiert) funktioniert, liegt oft weniger an dem technisch Möglichen, sondern an dem praktisch Umsetzbaren. Die Gründe hierfür sind vielfältig: fehlende Daten, mangelnde Datenqualität, fehlendes Anwendungswissen der Mitarbeiter (um z. B. die KI anzulernen und dann einzusetzen), aber vor allem die unzureichend definierten Prozesse führen bei vielen Lead-Management-Systemen zu erheblichen Defiziten – und nicht selten zum Scheitern. Es erscheint daher unabdingbar, die drei Basisdimensionen der digitalen Transformation (Prozesse – Menschen – Daten) aufeinander abgestimmt weiterzuentwickeln, um Lead-Management-Exzellenz zu erreichen (s. Kap. 6).

Entsprechend liegt der Fokus dieses essentials auf dem Lead-Management-Prozess, der eine Struktur vorgibt aus der (in einem iterativen Prozess) die notwendigen Daten und das notwendige Wissen der Mitarbeiter abgeleitet werden können. Zu beachten ist dabei, dass es nicht diesen einen allgemeingültigen Lead-Management-Prozess gibt, sondern dass bei dessen konkreter Ausgestaltung immer auch die internen und externen Rahmenbedingungen der individuellen Unternehmen beachten werden müssen. Dies ist auch der Grund, warum die Software zur Unterstützung des Lead-Managements immer erst am Ende des Planungsprozesses und nicht am Anfang beschafft werden sollte. Ist die Software erst mal implementiert, richtet sich vieles an der Software und nicht mehr am Kunden aus. Ein solches Vorgehen führt zwangsläufig zu Ineffizienzen und Ineffektivität.

Zur Strukturierung der Inhalte sind in den einzelnen Kapiteln Merksätze formuliert, die die wichtigsten Inhalte kurz zusammenfassen.

Inhaltsverzeichnis

Über die Autoren

Prof. Dr. Ulrich Vossebein Technische Hochschule Mittelhessen, Industriestraße 2, 61476 Kronberg im Taunus.
Email: Ulrich.Vossebein@wi.thm.de

Gabriele Hildmann Geschäftsführende Gesellschafterin KAIROS Gesellschaft für Unternehmensberatung mbH Kronberg im Taunus.; Industriestraße 2, 61476 Kronberg im Taunus.
Email: Gabriele.Hildmann@Kairos-Kronberg.com

Prof. Dr. Stefan Wengler Hochschule Hof, Fakultät Wirtschaftswissenschaften, Professor für Marketing & Vertrieb, Leiter Forschungsgruppe „Empirical Research & User Experience" Hof, Deutschland
Email: stefan.wengler@hof-university.de

Grundlagen Lead-Management

2

Nach einer Abgrenzung der wichtigsten Begriffe, wird das Lead-Management als Teil des Vertriebsprozesses dargestellt. Hierbei wird auch die enge Verbindung des Lead-Managements zu anderen Analyseansätzen wie beispielsweise der Customer Journey oder des Sales Funnels verdeutlicht. Anschließend werden die drei Basisdimensionen sowie das Exzellenz-Modell beschrieben.

2.1 Definition Leads & Lead-Management

Vergleicht man die Fachliteratur sowie die Umsetzungen in den Unternehmen, so wird schnell erkennbar, dass es keine einheitliche Definition von „Leads" oder „Lead-Management" gibt. Die nachfolgenden Definitionen verdeutlichen, wie die Begriffe in diesem essential inhaltlich definiert werden. Andere Abgrenzungen sind ebenfalls möglich, wobei sich die Unterschiede in erster Linie auf die Inhalte der einzelnen Prozessschritte beziehen, da ja immer das Ziel verfolgt wird, neue Kunden für das Unternehmen zu gewinnen. Aufgrund der großen Anzahl von unterschiedlichen Definitionen soll an dieser Stelle keine inhaltliche Diskussion der Begriffsvielfalt vorgenommen werden. In diesem essential gilt folgende Definition:

> Ein Lead ist ein potenzieller Neukunde, der durch die freiwillige Angabe seiner Kontaktdaten sein Interesse an einem Produkt oder einer Leistung eines Unternehmens zum Ausdruck bringt. Es kann sich hierbei um eine Person oder ein Unternehmen handeln.

© Der/die Autor(en), exklusiv lizenziert an Springer Fachmedien Wiesbaden GmbH, ein Teil von Springer Nature 2024
U. Vossebein et al., *Lead-Management*, essentials,
https://doi.org/10.1007/978-3-658-44535-5_2

Somit wird deutlich, dass in diesem essential nur Neukunden im Zusammenhang mit dem Lead-Management betrachtet werden. Auf die Einbeziehung von Bestandskunden (Neu- oder Folgegeschäfte), wie dies teilweise in der Literatur geschieht, wird bewusst verzichtet, da sich in diesen Fällen die Geschäftsprozesse deutlich vom Neukundengewinnungsprozess unterscheiden.

Auf die unterschiedlichen Arten von Leads wird an späterer Stelle noch ausführlich eingegangen (vgl. Abschn. 2.3).

Merksatz 1: Ein Lead ist ein potenzieller Kunde, der zunächst an das Unternehmen herangeführt werden muss.
Analog zum Begriff Lead gibt es auch für das Lead-Management keine einheitliche Definition. Ein zentraler Punkt ist hierbei die Frage, wann der Lead-Management-Prozess beginnt und wann er beendet ist. Ist es der Zeitpunkt, an dem der Lead vom Marketing an den Vertrieb übergeben wird oder werden auch die folgenden Aktivitäten im Vertrieb, bis zum Vertragsabschluss und dem Controlling, noch mit betrachtet?

Die Definition, die für dieses essential maßgebend ist, lautet wie folgt:

> Das Lead-Management umfasst alle Aktivitäten von der Ansprache potenzieller neuer Interessenten über die Konvertierung in potenzielle Neukunden (Leads), deren gezielte (Weiter-)Qualifizierung für sowie deren Übergabe an den Vertrieb zur Konvertierung in echte Neukunden.

Anhand der Definition wird deutlich, dass sich Lead-Management nicht auf eine Abteilung bezieht, sondern einen Prozess beschreibt, der sich über mehrere Abteilungen ziehen kann. Im Fokus stehen hierbei Marketing und Vertrieb, wobei zur Vermeidung der immer wieder beobachtbaren Schnittstellenprobleme zwischen diesen beiden Abteilungen (zumindest) eine prozessuale Verschmelzung der Bereiche erfolgen sollte. Denn je weiter die digitale Transformation voranschreitet, desto weniger sinnvoll erscheint die Beibehaltung der Abteilungsgrenzen.

Im weiteren Verlauf des essentials wird deshalb auf eine klare Zuweisung von Aufgaben zu Marketing bzw. Vertrieb verzichtet. Zukünftig wird es darauf ankommen, dass die notwendigen Kompetenzen dort eingesetzt werden, wo sie gebraucht werden, unabhängig von einer Zuordnung zu einer bestimmten Abteilung. Angesichts einer fortschreitenden digitalen Transformation haben die IT-Abteilung sowie das Top-Management weitere wichtige Funktionen, um einerseits die notwendigen Investitionen in die IT freizugeben und anschließend die geplanten Projekte auch umzusetzen.

Merksatz 2: Lead-Management ist ein Prozess, der abteilungsübergreifend strukturiert und gemanagt werden muss.

2.2   Lead-Management als Teil des Vertriebsprozesses

Das Lead-Management mit seinem Fokus auf die Gewinnung von Neukunden ist ein elementarer Bestandteil des Vertriebsprozesses. Damit das Lead-Management erfolgreich sein kann, müssen die Schnittstellen entsprechend ausgestaltet werden. Der Vertriebsprozess kann beispielsweise in 5 Prozessschritte, wie in den Abb. 2.1 und 2.2 dargestellt, aufgeteilt werden. Die einzelnen Schritte im Lead-Management-Prozess sind den Vertriebsprozessschritten zugeordnet.

Der Vertriebsprozess beginnt mit einer umfangreichen Markt- und Kundenanalyse, wobei attraktive Marktsegmente und lohnende Kundengruppen identifiziert werden sollen. Auf Basis des Rankings der potenziellen Interessenten kann das Lead-Management gestartet werden. Es beginnt mit der Lead-Generierung, beinhaltet die Lead-Qualifizierung und das Lead-Nurturing und endet mit der Lead-Integration.

Die eigentliche Verhandlungsphase gehört nicht mehr zum Lead-Management, da hier der Fokus auf der Konvertierung der potenziellen Kunden in echte Kunden liegt. Trotzdem ist es unbedingt notwendig, dass die Ergebnisse der Verhandlungsphase an das Lead-Management zurückgespielt werden, um den Lead-Management-Prozess insgesamt verbessern zu können. Auch das Controlling-Konzept für das Lead-Management muss die Anzahl der erfolgreichen bzw.

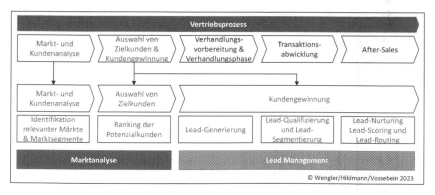

© Wengler/Hildmann/Vossebein 2023

Abb. 2.1 Vertriebs-/Lead-Managementprozess Teil 1

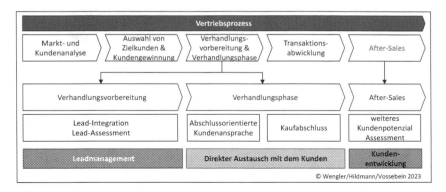

Abb. 2.2 Vertriebs-/Lead-Managementprozess Teil 2

nicht erfolgreichen Verhandlungen mitberücksichtigen, da nur so ein Lernprozess eingeleitet werden kann.

Der After-Sales Bereich hat mit dem Lead-Management direkt nichts zu tun, da es sich hier um Bestandskunden und nicht um Neukunden handelt. Im Rahmen der allgemeinen Kundenbewertung können sich aber auch in diesem Bereich wertvolle Informationen zur Bestimmung des Kundenwerts ergeben.

Merksatz 3: Das Lead-Management ist ein elementarer Bestandteil des Vertriebsprozesses, der eine nahtlose prozessuale Verknüpfung von Marketing und Vertrieb erforderlich macht.

2.3   Ein Lead ist nicht gleich ein Lead

Aus Anbietersicht ist ein Lead nicht gleich ein Lead, denn Leads durchlaufen meist einen mehrstufigen Prozess und entwickeln sich über die Zeit. Entsprechend ist es üblich, dass die Leads entlang des Lead-Management-Prozesses unterschiedlich bezeichnet werden, um ihren Status leichter zu erkennen. In Tab. 2.1 sind diese Begriffe in der linken Spalte aufgeführt. Alternativ könnten auch verschiedene Reifegrade als Differenzierung verwendet werden, um den Abteilungsbezug zu reduzieren.

Diese Einteilung dient als Orientierung und wird im Zusammenhang mit dem Sales Funnel (Punkt 2.4) wieder aufgegriffen.

Tab. 2.1 Unterschiedliche Gruppen von Leads

(unqualifizierter) Lead	Reifegrad 1	Nach dem Erstkontakt signalisiert der Kunde Interesse, es ist aber noch zu früh, eine konkrete Kaufabsicht zu unterstellen
Marketing Qualified Lead (MGL)	Reifegrad 2	Der Lead konkretisiert sein Interesse an der Leistung, wobei er durch das Content-Management des Unternehmens kontinuierlich, im Rahmen der Lead-Qualifizierung und des Lead-Nurturings, an das Unternehmen und seine Leistungen herangeführt wird
Sales Accepted Lead (SAL)	Reifegrad 3	Das sind die Leads, die anhand der hohen Scoring-Punkte im Lead-Nurturing zur Lead-Integration weitergeleitet werden
Sales Qualified Lead (SQL)	Reifegrad 4	Diese Leads werden in der Lead-Integration in den operativen Vertriebsablauf integriert und der Vertrieb nimmt Kontakt mit dem potenziellen Kunden auf

Merksatz 4: Leads durchlaufen im Zuge des Lead-Management-Prozesses unterschiedliche Qualifizierungsstufen. Je nach Stufe müssen andere Maßnahmen getroffen werden und sind andere Kompetenzen im Lead-Management-Prozess erforderlich.

2.4 Lead-Management und Sales Funnel

Der Sales Funnel ist im Lead-Management eine äußerst beliebte Darstellung, in der der Weg der unqualifizierten Leads bis zu den tatsächlichen Kunden in Form eines Trichters aufgezeigt wird. Vorgelagert gibt es noch die Kontaktpunkte mit dem Unternehmen, die zu keiner Kontaktaufnahme führen. Der Trichter bringt hierbei zum Ausdruck, dass die Anzahl der Leads in den einzelnen Lead-Gruppen immer geringer wird (vgl. Abb. 2.3). Als Daumenregel wird häufig folgende Kalkulation herangezogen: Die Ansprache von 100 potenzielle Interessenten führt zu 50 potenziellen Kunden, von denen 25 ein gesteigertes Interesse am Kauf haben und am Ende ca. 12–13 wirklich kaufen. Die echten Quoten für das eigene Unternehmen kann man anhand entsprechender KPIs im Zeitverlauf leicht selbst bestimmen. Liegen die Werte vor, kann man ungefähr berechnen, wie viele Kontakte bzw. Leads man benötigt, um x Kunden letztendlich neu

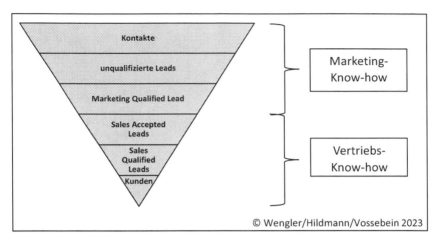

© Wengler/Hildmann/Vossebein 2023

Abb. 2.3 Der Sales Funnel

dazuzugewinnen. Die ersten drei Schritte werden üblicherweise dem Marketing (Marketing-Know-how), die anderen drei dem Vertrieb (Vertriebs-Know-how) zugewiesen.

Die Vielfalt der konkreten Ausgestaltung des Sales Funnels ist nahezu unbegrenzt, jedoch sehr anbieterzentriert. Um dabei den Kunden nicht aus den Augen zu verlieren, verknüpfen einige Autoren das AIDA-Modell mit dem Sales Funnel. Dieses geht davon aus, dass der Kunde in einem ersten Schritt überhaupt wahrnehmen muss, dass es ein bestimmtes Produkt bzw. eine bestimmte Leistung gibt (Awareness). Anschließend muss dessen Interesse dafür geweckt (Interest), der Wunsch zum Kauf ausgelöst werden (Desire) sowie die Kaufhandlung (Action) erfolgen. Somit korrespondieren die Abb. 2.3 und 2.4, wobei Abb. 2.4 den Ablauf in 4 Phasen darstellt.

Merksatz 5: Der Sales-Funnel kann als graphische Darstellung des Lead-Management-Prozesses genutzt werden. Die Übergänge von Stufe zu Stufe müssen aber individuell angepasst werden.

Abb. 2.4 Sales Funnel auf
Grundlage des
AIDA-Modells

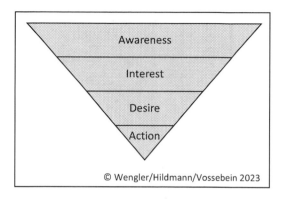

© Wengler/Hildmann/Vossebein 2023

2.5   Lead-Management und Customer Journey

Eine sehr viel elaboriertere und handlungskonkretere Ausgestaltung des Lead-Managements (als der Sales Funnel) kann auf Basis der Customer Journey erfolgen. Die Customer Journey beschreibt die „Kundenreise" von dem ersten Bedürfnis nach einer bestimmten Leistung bis zu den Erfahrungen mit der gekauften Leistung. Graphisch dargestellt wird dies üblicherweise, indem die verschiedenen Interaktionspunkte zwischen Anbieter und Nachfrager (auch Customer Touchpoints genannt) den einzelnen Phasen der Customer Journey zugeordnet werden. In Abb. 2.5 wird deutlich, dass einzelne Touchpoints in mehreren Phasen genutzt werden und dass pro Phase mehrere Touchpoints verwendet werden. Wichtig ist auch die Berücksichtigung der beiden Perspektiven auf die Customer Journey. Immer wieder besteht die Gefahr, dass nur die eigenen Touchpoints in die Analyse einbezogen werden, obwohl der Kunde seine Reise auch über „fremde", d. h. nicht im Einflussbereich des Anbieterunternehmens befindliche Touchpoints, oder allgemein zugängliche Touchpoints weiter fortsetzt.

Die Customer Journey muss in der Praxis nach und nach aufgebaut werden, da es keine „allgemeine", sondern nur individuelle Customer Journeys gibt. Zu berücksichtigen ist auch, dass zahlreiche Studien in der Vergangenheit immer wieder aufzeigen, dass der Erstkontakt zum Kunden nicht zwingend ganz am Anfang der Customer Journey stattfindet, sondern dass der Kunde sich im Vorfeld schon über andere Touchpoints bzgl. seines Bedarfs informiert hat. Für das Lead-Management bedeutet dies, dass nicht jeder Lead den gleichen Weg durch den Lead-Management-Prozess nimmt, sondern dass es auch Überholspuren geben

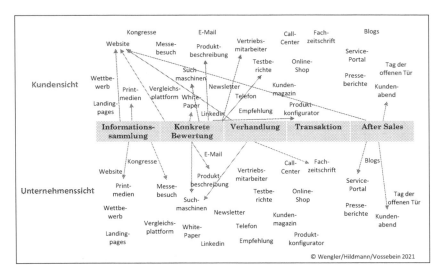

Abb. 2.5 Customer Journey

muss, um Leads, die schon sehr weit in ihrem Kaufprozess sind, beispielsweise direkt einem Vertriebsmitarbeiter zuzuordnen (vgl. Abb. 4.7).

Merksatz 6: Nicht jeder Lead nimmt den gleichen Weg durch den Lead-Management-Prozess. Entsprechend bedarf es flexibler Ein- und Zuordnungsmöglichkeiten zur nächsten Stufe.

Eine der wohl größten Herausforderungen im Lead-Management-Prozess ist der digitalen Transformation geschuldet. Diese hat aufgrund einer verstärkten Informationsverfügbarkeit im Internet zu einer schleichenden Emanzipation der Kunden vom Vertrieb geführt. Waren im analogen Zeitalter die Vertriebsmitarbeiter der Lieferanten die wichtigste und teilweise auch einzige Informationsquelle für Kunden und damit auch das Kundenverhalten z. T. steuerbar, bietet heute das Internet – zumindest theoretisch – unzählige, anbieterunabhängige Informationsquellen an. Dies führt aufgrund reduzierter direkter Interaktionen zu einer zunehmenden Entfremdung von Anbieter und Kunden, die auch als „The Dark side of the Customer Journey" bezeichnet wird.

Der hohe Kenntnisstand des Kunden vor der Kontaktaufnahme mit dem Anbieterunternehmen führt somit dazu, dass das Unternehmen immer weniger Einfluss

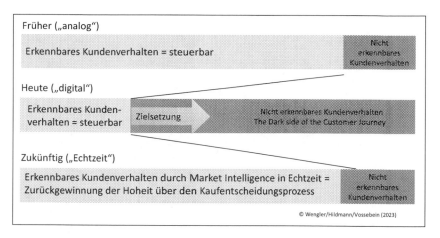

Abb. 2.6   The Dark side of the Customer Journey

auf den Kaufentscheidungsprozess des Kunden hat, da der Anteil der „Darkside of the Customer Journey" kontinuierlich zunimmt (vgl. Abb. 2.6).

Das Lead-Management kann einen wichtigen Beitrag leisten, um den Verkaufsprozess zukünftig wieder stärker steuern zu können. Hierzu ist allerdings ein hoher Digitalisierungsgrad des Lead-Managements Voraussetzung. In diesem Bereich können durch in Echtzeit durchgeführte Analysen des Kundenverhaltens und dem Einsatz von KI deutliche Fortschritte erzielt werden, allerdings sind hierzu klare Prozessbeschreibungen, entsprechendes Know-how sowie eine ausreichende Datenbasis notwendig.

Merksatz 7: Mit Hilfe eines klug aufgesetzten und gestalteten Lead-Management-Prozesses können sich Unternehmen z. T. ihre Hoheit über den Vertriebsprozess zurückholen.

2.6   Prozesse – Menschen – Daten

In zahlreichen Beratungsprojekten wurde deutlich, dass zur Lösung der aktuellen Herausforderungen im Marketing und Vertrieb der Erfolg letztendlich auf die drei Basisdimensionen Prozesse, Menschen und Daten zurückgeführt werden kann. Abb. 2.7 macht aber auch deutlich, dass es im Rahmen der digitalen Transformation im Vertrieb keine Patentlösungen gibt, sondern dass zunächst sowohl

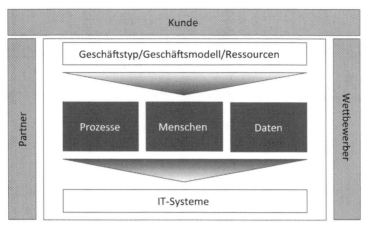

Abb. 2.7 Marktorientiertes Transformationsmodell

das äußere als auch das innere Umfeld analysiert und bewertet werden muss. Auf die Makroumwelt mit den Megatrends, den Trends, der PESTEL-Analyse sowie der Branchenstrukturanalyse wurde in Abb. 2.7 bewusst verzichtet, da diese nicht Gegenstand dieses essentials sind.

Bei der Betrachtung der Basisdimension *Prozesse* geht es zunächst um die Frage, ob die relevanten Prozesse überhaupt schon systematisch erfasst und dokumentiert sind. Anschließend geht es um die Transparenz der Prozesse, deren Einbindung in eine Prozesslandkarte sowie deren Digitalisierungsgrad. In der Praxis stellt sich die zusätzliche Frage, inwieweit die Prozesse auch tatsächlich analog der Prozesslandkarte umgesetzt werden. Gerade im Vertrieb ist der Hang zu eigenständigen Vorgehensweisen und Lösungen recht weit verbreitet. Mit fortschreitender Digitalisierung der Prozesse im Lead-Management kommt es immer mehr darauf an, dass Prozesse an Abteilungsgrenzen nicht unterbrochen oder gestört werden.

Die Dimension *Mensch* umfasst sowohl die Individuen als auch die Organisation im Unternehmen. Hier geht es somit beispielsweise um die notwendigen Kompetenzen der Mitarbeitenden (können), Führungsstrukturen, die eine zielgerichtete Arbeit erlauben (dürfen) sowie der Bereitschaft, sich an Änderungen anzupassen, und die abteilungsübergreifende Zusammenarbeit in den Fokus stellen (wollen). Weiterhin muss analysiert werden, inwieweit die Aufbau- sowie die Ablauforganisation für die aktuellen Arbeitsabläufe geeignet sind. Eine effektive und effiziente Digitalisierung des Lead-Managements kann nur selten in den alten Strukturen umgesetzt werden.

Der Bereich *Daten* umfasst zum Beispiel die Erfassung, die Verfügbarkeit, die Zusammenführung von Daten sowie deren Analyse. Zu beachten sind aber auch die Datenqualität sowie die Einhaltung der Datenschutzrichtlinien. Eine wesentliche Voraussetzung, um ein erfolgreiches Lead-Management umzusetzen, ist die Qualität und die Vollständigkeit der hierzu benötigten Daten. Weiterhin bilden die Daten die Grundlage für den Einsatz von Marketing- bzw. Sales Automation Systemen, eines CRM-Systems sowie von KI-Lösungen.

Wie erwähnt, reicht es aber nicht, einzelne Basisdimensionen zu stärken, ohne dass die anderen Basisdimensionen gleichzeitig weiterentwickelt werden, um insgesamt ein positives Ergebnis zu erreichen.

Merksatz 8: Die drei Basisdimensionen Prozesse, Menschen und Daten bilden die Grundlage für den Erfolg im Lead-Management.

2.7   Der Weg zur Lead-Management-Exzellenz

In Abschn. 2.6 wurde schon angesprochen, dass die Basisdimensionen nicht unabhängig voneinander sind. Diese Wechselwirkungen bedeuten beispielsweise, dass man auch mit voll erfassten und dokumentierten Prozessen wenig anfangen kann, wenn die entsprechenden Daten nicht verfügbar sind. Andererseits nützen alle Daten nichts, wenn die Mitarbeitenden nicht in der Lage sind, diese Daten sinnvoll zu analysieren und zu interpretieren.

Die Entwicklung aller drei Basisdimensionen muss deshalb abgestimmt aufeinander erfolgen. Diese Abhängigkeiten sind in Abb. 2.8 in Form des Exzellenz Würfels dargestellt. Der Effizienzpfad ist eine mehr theoretische Größe, da eine Entwicklung auf dem Effizienzpfad eine beliebig kleinteilige Ausweitung der drei Basisdimensionen voraussetzen würde. Da dies in der Praxis nicht der Fall ist, wurde der Effizienzkanal definiert, der eine sinnvolle Abweichung einer Basisdimension zu den anderen Basisdimensionen ermöglicht. Die Skalierung der drei Dimensionen erfolgt über Reifegrade, wobei es keine normierte Ausformulierung der einzelnen Reifegrade gibt. Ebenso ist es dem Unternehmen überlassen, wie viele Reifegrade unterschieden werden, wobei sich eine 5-er Skalierung schon häufig bewährt hat (vgl. Abschn. 6.4).

Ein typisches Beispiel für eine nicht synchrone Entwicklung der drei Basisdimensionen ist die Einführung eines CRM-Systems, die leider in viel zu vielen Fällen nicht erfolgreich verläuft. In der Regel liegt es dabei aber nicht an der

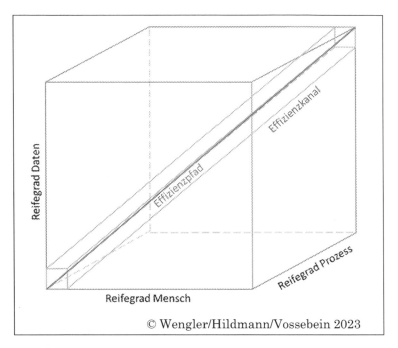

© Wengler/Hildmann/Vossebein 2023

Abb. 2.8 Exzellenz Würfel

Software, sondern es fehlen die relevanten Daten oder die Mitarbeitenden können das System nicht richtig einsetzen oder die Prozesse, die durch das CRM-System unterstützt werden sollen, liegen nicht dokumentiert vor oder passen nicht zur Software.

Ein anderes Beispiel, das die Notwendigkeit der synchronisierten Weiterentwicklung der Basisdimensionen belegt, ist die Suche und die Bindung von Personal. Immer wieder verlassen insbesondere im IT-Bereich neue Mitarbeitende das Unternehmen, weil sie erkennen, dass sie ihr Know-how bei ihrem Arbeitgeber aufgrund einer mangelnden Datenverfügbarkeit nicht umsetzen können.

Merksatz 9: Ein moderner Lead-Management-Prozess zeichnet sich dadurch aus, dass die Verantwortlichen eine klare Vorstellung von der notwendigen Ausgestaltung der Basisdimensionen (Prozesse, Menschen und Daten) haben – und diese gleichmäßig entwickeln.

Rahmenbedingungen des Lead-Managements

3

In diesem Kapitel werden wesentliche Einflussfaktoren auf das Lead-Management kurz angesprochen. In erster Linie gehört hierzu der Geschäftstyp, der das B2B-Geschäft in vier Typen einteilt. Es wird deutlich, dass ein Lead-Management für einen Geschäftstyp nicht einfach auf einen anderen Geschäftstyp übertragen werden kann. Dies bedeutet für Unternehmen, die in unterschiedlichen Geschäftstypen aktiv sind, dass sie nicht mit einem einheitlichen Lead-Management-Prozess arbeiten sollten. Weiterhin wird auf die Branche, die Ressourcenausstattung, das Geschäftsmodell sowie die Partner als Einflussfaktoren hingewiesen.

3.1 Die Bedeutung der Geschäftstypen

Als Erstes soll auf die vier Geschäftstypen nach Backhaus zur Einteilung von B2B-Märkten eingegangen werden (vgl. Abb. 3.1).[1]

Die Geschäftstypen ergeben sich aus der Kombination der beiden Dimensionen *Transaktionsform* und dem *Kaufverbund* (zeitlicher Bezug von Folgegeschäften) (vgl. Tab. 3.1).

Die Beschreibung der verschiedenen Geschäftstypen macht deutlich, dass ein Lead-Management im Produktgeschäft ganz anders aufgebaut werden muss, als dies im Zuliefergeschäft der Fall ist. Sowohl bei den relevanten Touchpoints als auch beim Content, der dem Lead zur Verfügung gestellt wird, ergeben sich

---

[1] Backhaus und Voeth (2014, S. 210–218).

© Der/die Autor(en), exklusiv lizenziert an Springer Fachmedien Wiesbaden GmbH, ein Teil von Springer Nature 2024
U. Vossebein et al., *Lead-Management*, essentials,
https://doi.org/10.1007/978-3-658-44535-5_3

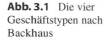

Abb. 3.1 Die vier
Geschäftstypen nach
Backhaus

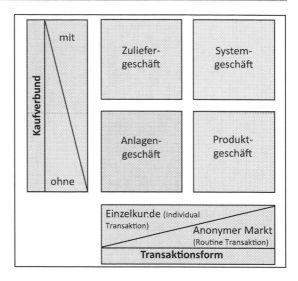

so viele Unterschiede, dass ein gemeinsames Vorgehen für beide Fälle nicht
erfolgreich sein kann.

3.2   Weitere Rahmenbedingungen

Ein weiterer Punkt, der eine generelle Auswirkung auf die Gestaltung des
Lead-Managements hat, ist die Branche, in der das Unternehmen arbeitet. Je
spezialisierter und technikintensiver eine Branche ist, desto stärker wird der
persönliche Kontakt zwischen Anbieter und Kunde sein, das heißt, es müssen
entsprechende personenbezogene Aktivitäten im Lead-Management durchgeführt
werden. In anderen Branchen werden immer mehr Geschäfte über Plattformen
abgewickelt, sodass hier kaum noch „Verkaufsgespräche" stattfinden. Auswirkungen haben diese Unterschiede auch auf das Content-Management (vgl. Kap. 4)
und den Grad der Automatisierung.

In Abb. 2.6 wurden auch das Geschäftsmodell, die Ressourcen sowie die IT-
Systeme als innere Elemente des Marktorientierten Transformationsmodells aufgeführt. Auch hier ergeben sich strategische Einflüsse auf das Lead-Management,
wobei insbesondere die vorhandenen Ressourcen sowie die IT-Systeme in vielen
Fällen die Möglichkeiten des Lead-Managements einschränken. Unter Ressourcen fallen hier nicht nur die finanzielle Ausstattung, sondern vor allem auch das

Tab. 3.1 Geschäftstypen nach Backhaus

Geschäftstyp	Charakterisierung
Produktgeschäft	Vom Produktgeschäft spricht man, wenn Produkte zunächst erzeugt werden, um diese anschließend auf einem anonymen Markt anbieten zu können. Zielsetzung ist, diese Leistung zu verkaufen, ohne dabei bereits Folgegeschäfte im Blick zu haben In der Regel ergeben sich hierbei große Gruppen von potenziellen Kunden, da die Produkte häufig für unterschiedliche Anwendungen verwendet werden können (Schrauben, Kopierer, Gabelstapler etc.). Das Produktgeschäft hat die größten Ähnlichkeiten mit dem B2C-Geschäft
Anlagen/Projektgeschäft	Das Anlagengeschäft richtet sich auf konkrete Einzelkunden, mit denen gemeinsam der Vertrag und die genaue Produktspezifikation ausgehandelt wird. Die eigentliche Produkterstellung erfolgt erst nach Vertragsabschluss. In der Regel ist nach der Abnahme des Produktes die Geschäftsbeziehung beendet. Beispiele für das Projektgeschäft sind: Fabrikhallen, Brücken, Spezialmaschinen, etc.
Zuliefergeschäft-/Integrationsgeschäft	Das Zuliefergeschäft, das häufig auch als Integrationsgeschäft bezeichnet wird, umfasst die Geschäftsbeziehungen, in denen ein Anbieter in Zusammenarbeit mit dem Kunden genau für dessen Bedürfnisse Produkte entwickelt, produziert und dann in der Regel über einen längeren Zeitraum an den Kunden liefert. (Automobilzulieferer, Spezialteile im Flugzeugbau, Spezialkomponenten in der Medizintechnik, etc.)
Systemgeschäft	Analog zum Produktgeschäft zielt das Systemgeschäft auf einen anonymen Markt. Der Unterschied besteht allerdings darin, dass von Anfang an ein Kaufverbund besteht, dies bedeutet, dass es sinnvoll ist, wenn zusätzlicher Bedarf beim selben Lieferanten gedeckt wird (Software, Büromöbel, Hochregallagersysteme, etc.)

Know-how der Mitarbeitenden und des Managements. Gerade durch die Digitalisierung ist der Bedarf an entsprechendem IT- und Anwendungs-Know-how in den Unternehmen massiv angestiegen und kann nur in wenigen Fällen komplett gedeckt werden. Im Geschäftsmodell wird festgelegt, welchen Nutzen mein Produkt dem Kunden stiften soll und wie Einnahmen erzielt werden können.

Ein weiterer Unterscheidungspunkt ist die Frage nach den involvierten Partnern. Die Entscheidung mit Händlern oder Handelsvertretern zu arbeiten, das bedeutet einen indirekten Vertriebsweg zu wählen, wirkt sich ebenso auf die Gestaltung des Lead-Managements aus, wie die Nutzung eigener Online-Shops oder Marktplattformen.

Merksatz 10: Die Ausgestaltung des Lead-Management-Prozesses ist stark abhängig vom Geschäftstyp. Entsprechend kann derselbe Lead-Management-Prozess nicht in zwei Geschäftstypen genutzt werden.

Der Lead-Management-Prozess

4

In diesem Kapitel werden die einzelnen Prozessschritte im Lead-Management ausführlich diskutiert und Maßnahmen vorgestellt, die zur Erreichung der spezifischen Ziele eingesetzt werden können. Darüber hinaus werden Hinweise gegeben, welche Aspekte besonders zu beachten sind und wo Hemmnisse auftreten können. Im letzten Abschnitt werden verschiedene KPIs zur Steuerung des Lead-Management-Prozesses diskutiert sowie ein erweiterter Lead-Management-Prozess vorgestellt.

4.1 Einzelne Prozessschritte, Zielsetzung und Strategie

Der Lead-Management-Prozess besteht, wie bereits in Abb. 2.1 und 2.2 aufgezeigt, aus vier Prozessschritten, die in Abb. 4.1 zur besseren Orientierung nochmals dargestellt sind:

Hinzu kommt das Controlling, das den gesamten Prozess sowie die tatsächliche bzw. gescheiterte Neukundengewinnung umfasst.

Im Unterschied zu vielen Darstellungen werden hier die Prozessschritte des Opportunity-Managements zum Lead-Management dazugezählt, um den Bruch zwischen Marketing und Vertrieb etwas abzumildern. Diese Vorgehensweise bedeutet nicht, dass jetzt andere Tätigkeiten von anderen Mitarbeitenden durchgeführt werden sollen, sondern es soll der gemeinsame Blick auf die Leads fokussiert werden. Aussagen wie: „Das Marketing hat wieder einen Lead mit einer mangelnden Qualifikation an den Vertrieb weitergeleitet" sollten der Vergangenheit angehören. Im weiteren Verlauf der Ausführungen wird an der einen

U. Vossebein et al., *Lead-Management*, essentials, https://doi.org/10.1007/978-3-658-44535-5_4

Abb. 4.1 Der Lead-Management-Prozess

oder anderen Stelle von Marketing und Vertrieb gesprochen, dies ist aber nicht im Sinne von zwei getrennten Abteilungen zu verstehen, sondern bezieht sich auf die entsprechenden Kompetenzbereiche.

Auf der strategischen Ebene sollte zunächst festgehalten werden, warum eigentlich neue Kunden/Leads gewonnen werden sollen. Hierbei kann man drei Zielrichtungen unterscheiden:

- Der Kundenstamm soll erweitert werden.
- Die Kundenstruktur soll verändert werden.
- Es sollen verlorene Kunden ersetzt werden.

Bevor mit der eigentlichen Lead-Generierung begonnen werden kann, müssen zunächst die Ziele festgelegt werden, die in einem bestimmten Zeitraum erreicht werden sollen (Anzahl Leads, MQL, SAL, SQL, Kunden). Diese Ziele müssen mit den Gesamtzielen für Marketing und Vertrieb und deren Ressourcen korrespondieren und beziehen sich insbesondere auf die zuvor definierte(n) Zielgruppe(n).

Da die Kriterien für die Festlegung der Zielgruppe(n) (vorgelagerter Prozessschritt im Vertriebsprozess) häufig zu grob sind, empfiehlt es sich, Personas zu beschreiben. Personas sind Stellvertreter für eine Teilzielgruppe, deren Charakterisierung nicht nur die klassischen soziodemographischen und geographischen Kriterien enthält, sondern auch auf Werte, Verhaltensweisen, Interessen, Risikoaffinität, etc. eingeht. Nachfolgend sind zwei Personas (vgl. Abb. 4.2) beispielhaft beschrieben.

Das Beispiel in Abb. 4.2 zeigt, dass jede Zielgruppe bzw. Persona anders tickt und anders angesprochen werden muss. Es gibt somit nicht „die eine" Customer Journey, sondern jede Persona hat ihre eigenen Touchpoints vom Erstinteresse bis zum eventuellen Kaufabschluss. In der Praxis hat sich bewährt, den Personas Namen zu geben, weil sich diese leichter merken lassen als Zielgruppe 1, 2, u. s. w. Zu beachten ist, dass zur Beschreibung der Personas nur Informationen aus Kundendaten verwendet werden. Persönliche Meinungen oder Vermutungen

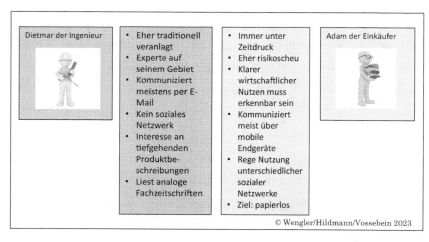

© Wengler/Hildmann/Vossebein 2023

Abb. 4.2 Personas Dietmar und Adam. (Figuren: https://pixabay.com)

sind zu vermeiden, da dadurch die Qualität der Personas negativ beeinträchtigt wird.

Da sich das Lead-Management immer auf bisher unbekannte potenzielle Kunden bezieht, ist deren Persona-Zuordnung unklar. Bestehende Personas im Unternehmen erlauben aber eine gezielte Auswahl an Content und Touchpoints, da sich die aktuellen und die potenziellen Kunden nicht komplett voneinander unterscheiden. Sowie der erste Kontakt erfolgt, kann das Unternehmen sukzessive die Leads immer besser den verschiedenen Personas zuordnen, sodass eine zielgruppenspezifische und evtl. sogar personalisierte Ansprache erfolgen kann.

Merksatz 11: Bevor mit der Lead-Generierung gestartet wird, müssen die Ziele festgelegt sowie die notwendigen strategischen Entscheidungen getroffen werden.

4.2 Lead-Generierung

Ziel der Lead-Generierung ist es, mit potenziellen Interessenten zu interagieren und diese im Rahmen des Interaktionsprozesses zu potenziellen Neukunden zu konvertieren. In diesem Konversionsprozess müssen die Anbieterunternehmen versuchen den potenziellen Neukunden dazu zu bringen, freiwillig möglichst viele

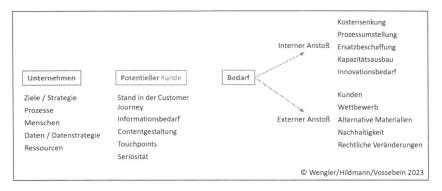

Abb. 4.3 Die Ausgangssituation bei der Lead-Generierung

Kundendaten zur Verfügung zu stellen. Es reicht somit nicht aus, dass der potenzielle Kunde auf die Website des Unternehmens geht und sich dort „unerkannt" informiert, sondern er muss (am besten) zahlreiche Gründe vorfinden, warum er seine Kontaktdaten beim Anbieterunternehmen hinterlässt. Die Lead-Generierung hat somit die Aufgabe, für den potenziellen Kunden relevante Informationen zum richtigen Zeitpunkt zur Verfügung zu stellen. Je besser dies gelingt und je größer der Mehrwert für den Kunden ist, desto größer wird die Wahrscheinlichkeit, dass es zum Geschäftsabschluss kommt.

Die Ausgangssituation der Lead-Generierung kann somit wie in Abb. 4.3 skizziert werden.

Die Aspekte, die das Unternehmen betreffen, wurden schon zum großen Teil diskutiert. Die Datenstrategie sollte spätestens an dieser Stelle definiert werden, damit allen Beteiligten klar ist, wie mit den gewonnenen Daten umgegangen wird und wie Datenlücken identifiziert und geschlossen werden.

Beim potenziellen Kunden kommt es darauf an, dass man möglichst bereits beim Erstkontakt einen Hinweis bekommt, an welcher Stelle er sich auf seiner Customer Journey befindet, da er diese ja nicht beim eigenen Unternehmen beginnen muss. Ein Ansatzpunkt hierfür ergibt sich durch die Wahl des Contents, der nachgefragt wird. Bei einem einführenden Übersichtsbeitrag befindet man sich eher am Anfang der Customer Journey, wohingegen man konkrete technische Details und Preisstellungen erst zu einem späteren Zeitpunkt benötigt. In Abhängigkeit vom Stand in der Customer Journey kann somit auch der zukünftige Informationsbedarf abgeleitet und die Gestaltung des Contents und der entsprechenden Touchpoints festgelegt werden.

Der Aspekt Seriosität bezieht sich auf die kontaktierenden Leads, bei denen es sich nicht unbedingt um tatsächlich an einem Geschäft mit dem Unternehmen interessierte Personen handeln muss. Häufig fordern Konkurrenten Unterlagen an oder es handelt sich um Studierende, die für ihre Projektarbeiten Informationen suchen oder um Berater, die Input für ihre neuen oder aktuellen Projekte benötigen. Eine einfache Gegenmaßnahme gegen nicht erwünschte Kontakte besteht zum Beispiel darin, dass man seinen Content nur an Firmen-E-Mail-Adressen versendet und die URL der Webseite des Unternehmens mit abfragt. Dies hilft zwar nicht vollständig, aber eine gewisse Reduktion der unerwünschten Anfragen kann damit erreicht werden.

Die größte Herausforderung stellt die Frage nach dem Bedarf der potenziellen Kunden dar. Hierfür gibt es sowohl verschiedenen interne als auch externe Gründe, wobei die Auflistung in Abb. 4.3 nicht vollständig ist, sondern nur mögliche Ansatzpunkte benennt. Eine umfangreiche Analyse der Online-Aktivitäten der Unternehmen oder einzelner Mitarbeitenden, wie zum Beispiel bei LinkedIn, können hier erste Erkenntnisse liefern. Es gibt genügend Tools auf dem Markt, mit deren Hilfe Inhaltsanalysen im Internet automatisch durchgeführt werden können. Eine weitere wichtige Informationsquelle ist der eigene Vertrieb, der ja einen sehr tiefgehenden Einblick in die unterschiedlichen Märkte hat, die vom Unternehmen bearbeitet werden. Der schon angesprochene problemlose Datenaustausch ist hierbei eine notwendige Bedingung.

Bei allen Maßnahmen, die im Rahmen der Lead-Generierung durchgeführt werden, sind die Regeln der Datenschutz-Grundverordnung (DSGVO) sowie weitere Gesetze zum Thema Datenschutz zu beachten.

Merksatz 12: Bei der Lead-Generierung ist die Qualität der Daten der wichtigste Erfolgsfaktor.

Im Rahmen der Planung der operativen Vorgehensweise muss man entscheiden, ob man Inbound-Marketing oder Outbound-Marketing bzw. beide Arten gemeinsam einsetzen möchte. Während das Inbound-Marketing darauf abzielt, potenzielle Interessenten durch attraktive Inhalte auf das Anbieterunternehmen (indirekt) aufmerksam zu machen (Pull-Effekt), fasst das Outbound-Marketing alle Instrumente der aktiven Kundenansprache zusammen, die klassischerweise im Rahmen der Kaltakquisition (Push-Effekt) genutzt werden. In Tab. 4.1 sind einige Methoden der beiden Marketingansätze aufgeführt. Aufgrund der engen Verzahnung der einzelnen Elemente des Inbound-Marketings stehen die einzelnen Punkte nicht isoliert nebeneinander, sondern sind teilweise selbst Elemente

Tab. 4.1 Inbound- und Outbound-Marketing

Inbound-Marketing	Outbound-Marketing
Content-Marketing	TV- oder Radiowerbung
Suchmaschinenwerbung/-optimierung	Messen
E-Mail-Marketing	Printanzeigen
Blogs/Podcasts/Videos	Massenmailings
Landingpages	Telefonakquise
Influencer Marketing	Broschüren/Flyer
Whitepaper/E-Books/Case-Studies	Plakatwerbung
Fact Sheets/Infographiken	Pop-Up-Werbefenster
Social Media	Internetbanner

einer anderen Vorgehensweise. So werden im Content-Marketing beispielsweise auch Blogs, Videos oder Podcasts eingesetzt.

Bis Anfang des 21. Jahrhunderts haben sicherlich die Maßnahmen des Outbound-Marketings dominiert. Mittlerweile hat sich die Situation aufgrund der zahlreichen digitalen Möglichkeiten gedreht: Der Schwerpunkt bei der Lead-Generierung liegt in der Regel auf dem Inbound-Marketing, wenn auch weiterhin zahlreiche Elemente des Outbound-Marketings eingesetzt werden. Dies trifft für den B2B-Bereich in erster Linie auf Messen und Printanzeigen in Fachzeitschriften zu.

Beim Content-Marketing als wohl wichtigste Ausprägung des Inbound-Marketings geht es um die zielgruppenspezifische Zurverfügungstellung relevanter Inhalte zum richtigen Zeitpunkt. Die Inhalte können als Text, Ton, Bild, Video oder in einer anderen kombinierten Form aufbereitet werden. Häufig wird der Content mit Hilfe von AR- (augmented reality) oder VR- (virtual reality) Elementen ergänzt und damit aufgewertet.

Trifft der Content den Informationsbedarf des potenziellen Interessenten, wird er sich damit beschäftigen und bei Interesse das Whitepaper, den Podcasts, die Case Study oder das Fact Sheet anfordern. Hierfür gibt er seine Kontaktdaten in das entsprechende Formular ein und gilt ab diesem Zeitpunkt als Lead für das Unternehmen.

Die Idee des Content-Marketings klingt überzeugend und dessen Erfolg kann an zahlreichen praktischen Beispielen aufgezeigt werden. Trotzdem darf man nicht den Aufwand und das benötigte Know-how unterschätzen, das mit dem Content-Marketing verbunden ist. Einen Inhalt so aufzubereiten, dass er für eine fremde Person ein tiefergehendes Interesse erzeugt, bedarf nicht nur Know-how im Bereich der Gestaltung und des Textens, sondern auch tiefgreifende Kenntnisse der darzustellenden Zusammenhänge.

Als Träger des Contents gibt es neben der eigenen Webseite eine Vielzahl von Möglichkeiten wie zum Beispiel You-Tube, LinkedIn, Instagram oder eine der anderen Form der digitalen Verankerung im Internet. Alternativ kann man auch Suchmaschinenwerbung (SEA) betreiben, wie zum Beispiel Google Ads oder durch die Suchmaschinenoptimierung (SEO) sicherstellen, dass die eigenen Inhalte in den Suchmaschinen möglichst schnell gefunden werden.

Eine weitere Form, um Leads zu generieren, ist das Influencer-Marketing, das aus dem B2C-Bereich schon lange bekannt ist. Im B2B-Bereich zählt allerdings weniger die Anzahl der Follower, die im B2C-Bereich auf Top-Ebene im 3-stelligen Millionenbereich liegen, sondern die hohe fachliche Reputation in den entsprechenden Märkten. Hoher Bekanntheitsgrad, hohe Präsenz in den sozialen Medien und uneingeschränkte Glaubwürdigkeit sind die wesentlichen Auswahlkriterien für Influencer im B2B-Bereich. Auch wenn diese Art der Lead-Generierung noch nicht sehr verbreitet ist, stellt sie eine weitere Option für die Unternehmen dar.

Neben dem Inbound- und dem Outbound-Marketing kann man Leads auch dadurch akquirieren, indem man die Lead-Datensätze von einem Dienstleister kauft. Dies kann zum Beispiel dadurch erfolgen, indem das Unternehmen in einer Fachzeitschrift oder einem Fachportal einen Beitrag platziert, der zum tieferen Verständnis einen Link oder einen QR-Code bei Printmedien zu einem Whitepaper aufweist. Wird diese Möglichkeit genutzt, können über ein Kontaktformular Kontaktdaten abgefragt werden. Der Vorteil dieser Vorgehensweise liegt darin, dass die Fachzeitschrift bzw. das Fachportal in der Zielgruppe ein hohes Ansehen haben, und das Unternehmen keine eigenen Kontaktformulare in seinen Systemen hinterlegen muss.

Nicht unerwähnt bleiben sollten Messen zur Lead-Generierung, da diese insbesondere im B2B-Bereich immer noch sehr viel Fachpublikum anziehen. Die Bedeutung des persönlichen Austauschs und des realen Produkterlebnisses wurde durch die Rückkehr der Messen nach der Corona-Pandemie sehr deutlich. Der Vorteil bei Messen ist, dass man in einem persönlichen Gespräch mit den potenziellen Kunden deutlich mehr Informationen gewinnen kann, als dies mit einem Kontaktformular der Fall ist. Das alleinige Einsammeln von Visitenkarten ist eine notwendige aber keine hinreichende Bedingung, um attraktive Leads für das Unternehmen zu gewinnen. Man kann somit Teile der Lead-Qualifizierung schon beim Erstkontakt mit abarbeiten. Nachteilig an Messen sind eindeutig die hohen Kosten und die hohe Personalbindung am Stand.

Unabhängig von der Art und Weise der Leadgenerierung soll hier nochmals auf die vielfältigen datenschutzbezogenen Regelungen (DSGVO etc.) hingewiesen werden. Jeder Kontakt sollte deshalb auch dazu genutzt werden, um offene Einwilligungen für die weitere aktive Kontaktaufnahme durch das Unternehmen schriftlich zu erfassen.

Merksatz 13: Bei der Lead-Generierung sollte die Qualität und nicht die Quantität der Leads im Vordergrund stehen.

4.3   Lead-Qualifizierung und -Segmentierung

Nachdem über die Lead-Generierung ein erster Kontakt aufgebaut wurde, geht es bei der Lead-Qualifizierung und Lead-Segmentierung um eine Bewertung der eingehenden Leads. Der erste Schritt im AIDA-Modell (vgl. Abb. 2.4) ist geschafft, nun muss bewertet werden, ob auch ein konkretes Interesse seitens der Leads vorliegt. Wie bereits aufgezeigt, ist nicht jeder Lead für das Unternehmen wertvoll, sodass durch zusätzliche Informationen herausgefunden werden muss, welche Leads das Potenzial zu einem Kunden haben. Hierfür bieten sowohl der Name und die Position des Leads als auch dessen Unternehmen erste Hinweise.

Möglichkeiten, einen Lead zu qualifizieren, sind in Abb. 4.4 zusammengefasst, wobei die Darstellung keinen Anspruch auf Vollständigkeit hat. Es geht hierbei nicht darum, möglichst viele Daten zu generieren, sondern gezielt die Informationen zu erfassen, die zu einem klareren Bild des Leads führen. Voraussetzung hierzu ist es, dass im Vorfeld in Zusammenarbeit zwischen Marketing und Vertrieb ein Profil erstellt wird, anhand dessen eine Zuordnung zu den verschiedenen Segmenten erfolgen kann.

Ein erster Ansatzpunkt ist die eigene Kundendatenbank, in der sich idealerweise alle bisherigen Leads mit ihrer Entwicklung befinden. Erste Anzeichen hinsichtlich der Zugehörigkeit zur Zielgruppe oder besser bereits zu einer der definierten Personas wären an dieser Stelle sehr hilfreich. Darüber hinaus kann ein Vergleich zu Kunden bzw. Kundenanfragen aus der gleichen Branche gezogen werden.

Informationen über die kontaktierende Person können u. a. über deren Aktivitäten in den sozialen Netzwerken oder anderen digitalen Informationsquellen erfasst werden. Neben Ausbildung und beruflichem Werdegang lassen sich insbesondere über die Aktivitäten der Person im Netz bzw. über Verhaltensmuster und Kommentare wichtige Erkenntnisse über seine Person zusammenstellen. Hierbei

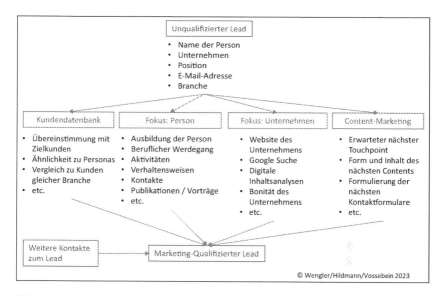

Abb. 4.4   Vom unqualifizierten zum Marketing-Qualifizierten Lead

geht es zum Beispiel um bevorzugte Touchpoints, die Präferenzen bei der Gestaltung von Informationsmaterial, seine Risikoeinstellung oder auch um berufliche Kontakte. Wertvoll wären auch Informationen über den aktuellen Stand in der Customer Journey und bereits im Vorfeld genutzter Touchpoints anderer Anbieter.

Zur Qualifizierung von Leads sind aber auch Informationen über das Unternehmen sinnvoll. Hier können über die Unternehmens-Website oder durch eine umfangreiche Google-Suche wichtige Hinweise auf den Technologiepark, das Produktportfolio oder auch über die Bonität des Unternehmens gewonnen werden. Interessant ist auch eine digitale Inhaltsanalyse, mit deren Hilfe man den Auftritt und die Veröffentlichungen des Unternehmens im Netz automatisch auswerten kann.

Das Content-Marketing muss so angepasst werden, dass die bisher unqualifizierten Leads bei ihrem nächsten besuchten Touchpoint genau die „richtigen" Informationen bekommen. Diese Forderung klingt zwar logisch, stellt in der Praxis aber eine große Herausforderung dar. Erschwerend kommt hinzu, dass, wie bereits in Abb. 2.5 dargestellt, einige Touchpoints in unterschiedlichen Phasen der Customer Journey aufgesucht werden. Sowie Informationen darüber gewonnen werden konnten, an welcher Stelle der Customer Journey sich der Lead befindet, muss der Content entsprechend aufbereitet und beim Touchpoint (z. B. die eigene Website) gekennzeichnet werden. Die Kontaktformulare sollten im Hinblick auf die zu ergänzenden Informationen gestaltet werden.

Eine ganz wichtige Zusatzinformationsquelle sind natürlich die erneuten Kontakte durch den identifizierten Lead. Durch diese zweite Kontaktaufnahme kann in der Regel ein erhöhtes Interesse an den Leistungen des Unternehmens unterstellt werden. Die nachgefragten Informationen bzw. die Zielsetzung des zweiten Kontakts (Whitepaper, Blog, E-Book, Produktkalkulator, Preisabfragen, etc.) lassen Rückschlüsse auf die aktuelle Position des Leads in dessen Customer Journey zu.

Die Anzahl der Erstinformationen über den Lead wird stark durch den Kontaktkanal bestimmt. Wird ein Whitepaper heruntergeladen, gibt es meistens die in Abb. 4.4 beim unqualifizierten Lead stehenden Informationen. Erfolgt der Erstkontakt dagegen auf einer Messe, können schon sehr viel mehr Informationen generiert werden. Wichtig ist, dass das Messepersonal genau weiß, welche Informationen relevant sind. Ist das Standpersonal entsprechend geschult, kann man häufig die Leads im Rahmen der Segmentierung (vgl. untenstehende Ausführungen) einer der Gruppen zuordnen. Die Gesprächsführung muss so gewählt werden, dass sich der potenzielle Kunde wertgeschätzt fühlt und dass er den Eindruck gewinnt, dass man sich persönlich um ihn kümmern wird (sensibles und emphatisches Vorgehen).

Die obigen Ausführungen verdeutlichen, dass die Lead-Qualifizierung in erster Linie auf Daten beruhen sollte. Reines Bauchgefühl ist in der heutigen Zeit mit zu vielen Risiken behaftet. Nur wenn man die ersten Kontaktdaten in einen größeren Datenkranz integrieren kann, können begründete Wahrscheinlichkeiten für einen späteren Kauf berechnet werden.

Merksatz 14: Für ein effizientes Content-Marketing müssen alle verfügbaren Informationen über den Lead berücksichtigt werden.

Lead-Segmentierung

Anhand der Lead-Qualifizierung kann man die Leads in verschiedene Segmente einteilen, um einen ersten Eindruck zu gewinnen, welche der Leads zunächst wie weiterverfolgt werden sollen und um abschätzen zu können, ob die zuvor definierten Ziele bzgl. der Qualität und Quantität der Leads in diesem Stadium erreicht werden können. Die Zuordnung zu den einzelnen Segmenten kann sich im Zeitverlauf verändern, wenn neue Informationen in die Bewertung mit einbezogen werden konnten. Da es sich hier um eine erste Stufe der Segmentierung handelt,

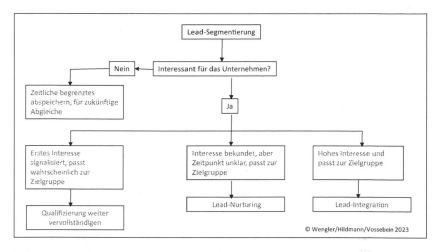

Abb. 4.5 Lead-Segmentierung

sind die Segmentierungskriterien noch relativ grob. Die Vorschläge zur Segmentierung sind in der Literatur recht heterogen, das bedeutet, dass es kein festes Schema gibt. Bewährt hat sich in der Praxis u. a. die in Abb. 4.5 dargestellte Unterteilung in 4 Segmente.

Zunächst werden die Leads heraussortiert, die für das Unternehmen uninteressant sind. Hierzu können Berater, Studenten, zufällige Kontakte oder auch Unternehmen gehören, die keinen Bezug zur Zielgruppe des Unternehmens haben. Diese Daten sollten aber nicht einfach gelöscht werden, sondern in einer Datenbank für einen bestimmten Zeitraum abgespeichert werden. Diese Datenbank ist dann eine gute Möglichkeit, neue Leads mit den dort gespeicherten Daten zu vergleichen, um eine schnelle Aussortierung der uninteressanten Leads zu ermöglichen.

Für die drei anderen Segmente sind folgende Kriterien relevant:

- Passgenauigkeit zur Zielgruppe des Unternehmens
- Wahrscheinlichkeit für eine zukünftige Geschäftsbeziehung
- Zeitpunkt der Investitionsentscheidung

Für die Leads, bei denen das Interesse noch nicht klar erkennbar und deren Passgenauigkeit zur Zielgruppe noch unklar ist, sollten weitere Qualifizierungsmaßnahmen erfolgen.

Leads, bei denen die Wahrscheinlichkeit für einen zukünftigen Vertragsabschluss hoch genug eingeschätzt wird und die prinzipiell zur Zielgruppe passen, die aber zeitlich noch nicht so weit sind, dass die Investition durchgeführt werden kann, werden im Lead-Nurturing weiter betreut und beraten. Die Bestimmung der Wahrscheinlichkeit für einen Vertragsabschluss kann in der Regel nur subjektiv erfolgen. Je mehr Übereinstimmung das Kommunikationsverhalten des Leads mit dem vorhandener Kunden hat, desto größer ist die Wahrscheinlichkeit, dass es hier ebenfalls zu einem späteren Zeitpunkt zu einem Vertragsabschluss kommt.

Leads, deren Kaufbereitschaft während der Qualifizierung schon sehr deutlich zum Ausdruck kommt und die offensichtlich die Investition in näherer Zeit planen, werden direkt zur Lead-Integration weitergeleitet.

Die Suche nach eher allgemeinen Informationen und nach übersichtsmäßig angelegten Whitepapers oder E-Books lassen zwar ein reales Interesse vermuten, legen aber nicht die Vermutung nahe, dass die Kaufentscheidung kurzfristig getroffen werden soll. Dies ändert sich, wenn zum Beispiel Produktkonfiguratoren, Produktdatenblätter oder Preisbestimmungsangebote genutzt werden. Auch ein erneuter persönlicher Kontakt ist häufig ein Hinweis auf eine konkrete Investitionsentscheidung.

Da es keine allgemeine Vorgabewerte zur Bestimmung der Qualität eines Leads gibt, müssen diese in den Unternehmen nach und nach selbst entwickelt werden. Aus diesem Grund müssen alle verfügbaren Daten zielgerichtet gesammelt und entscheidungsbezogen ausgewertet werden. Dies sollte kontinuierlich geschehen und digital unterstützt werden. Gerade im Produkt- und Systemgeschäft, die sich beide an einen anonymen Markt richten und eher größere Zielgruppen ansprechen, können ohne eine auf das Unternehmen abgestimmte digitale Unterstützung und Automatisierung kaum befriedigende Ergebnisse erzielt werden. Im Projekt- und Zuliefergeschäft, bei denen es in bestimmten Märkten nur eine relativ überschaubare Anzahl von potenziellen Kunden gibt, herrscht häufig die Meinung vor, dass man die Kunden und seine Zielgruppe ja weitgehend persönlich kennen würde und deshalb die digitale Transformation der Prozesse nicht notwendig sei. Dies ist aber ein klarer Irrtum, weil auch in diesen Geschäftstypen die Digitalisierung immer mehr an Bedeutung gewinnt, da sich dadurch erhebliche Einsparungen und Effizienzsteigerungen bei allen Beteiligten realisieren lassen.

Merksatz 15: Für die Lead-Segmentierung muss im Vorfeld genau definiert werden, welche Leads für das Unternehmen von Interesse sind.

4.4   Lead-Nurturing

Beim Lead-Nurturing werden die qualifizierten Leads weiterhin betreut bzw. gepflegt, die für das Unternehmen von Interesse sind, da bei ihnen eine Investitionsabsicht erkennbar ist und sie zur Zielgruppe des Unternehmens passen. Allerdings ist der Zeitpunkt der Investitionsentscheidung noch nicht erreicht und es ist nicht sicher, dass der Lead zum echten Kunden wird oder ob er zur Konkurrenz geht. Zur Bewertung der durchgeführten Aktivitäten wird das Lead-Scoring eingesetzt, was ebenso zum Lead-Nurturing gezählt wird wie das Lead-Routing, das den Übergang vom Marketing-Kompetenzbereich in den Vertriebs-Kompetenzbereich beinhaltet.

Die Herausforderung besteht somit darin, den qualifizierten Lead solange gezielt mit kaufrelevantem und überzeugendem Content zu versorgen, dass er sukzessiv immer stärker an das eigene Unternehmen und dessen Produkt- und Service-Portfolio herangeführt wird („nurturing").

Folgende Aspekte sind beim Lead-Nurturing zu beachten:

- Personalisierte Ansprache
- Content passend zur aktuellen Position in der Customer Journey
- Ansprache über wahrscheinliche Touchpoints der Leads
- Schnelle Reaktionsmuster
- Vollständige Datenerfassung und Datenanalyse
- Einbeziehung externer Rahmenbedingungen

Personalisierte Ansprache
Prinzipiell sollte beim Lead-Nurturing immer versucht werden, die persönliche Ansprache zu wählen. Dies gelingt am besten im Rahmen des E-Mail-Marketings, wobei zu beachten ist, dass immer noch sehr viele E-Mails nicht gelesen werden, wenn der Betreff nicht genau der aktuellen Interessenslage des Empfängers entspricht. Zur Steuerung der E-Mails ist eine entsprechende Automatisierung unverzichtbar.

Content passend zur aktuellen Position in der Customer Journey
Diese Forderung liegt auf der Hand und wurde auch schon vielfach definiert. Trotzdem zeigt die Praxis, dass bei der Umsetzung häufig Defizite auftreten. Potenzielle Kunden durchlaufen schließlich im Rahmen ihres Kaufentscheidungsprozesses unterschiedliche Stufen, die andere Informationsanforderungen an den Anbieter stellen (s. AIDA-Konzept). Zur Erhöhung der Zielgenauigkeit des

Contents spielen die Personas eine wichtige Rolle. Je mehr Ähnlichkeiten im Verhalten des Leads mit den im Unternehmen beschriebenen Personas besteht, desto eher kann das aktuelle weitere Verhalten des Leads und dessen Informationsbedarf prognostiziert werden. Bei der Content-Gestaltung kommt es auch darauf an, dass dem Lead verdeutlicht wird, welche Nutzendimensionen mit der angebotenen Leistung erreicht werden können und welche Vorteile für ihn selbst dadurch entstehen. Da im B2B-Bereich sehr häufig Buying-Center über eine Beschaffung entscheiden, sollte dies bei der Content-Gestaltung unbedingt berücksichtigt werden.

Ansprache über wahrscheinliche Touchpoints der Leads
Der beste Content bleibt wirkungslos, wenn nicht die Touchpoints bespielt werden, die der anvisierte Lead nutzt. Zur Erhöhung der Erreichbarkeit sollte deshalb nicht nur ein Touchpoint bespielt werden, sondern alle, die als wahrscheinlich bzw. relevant für den Lead angesehen werden. An dieser Stelle wird deutlich, wie wichtig die vollständige Dokumentation des bisherigen Lead-Verhaltens ist, um unnötige Aktivitäten zu vermeiden. Jede Aktivierung eines Touchpoints durch den Lead vervollständigt seine Beschreibung, sodass Lerneffekte zu einer Erhöhung der Effizienz führen.

Schnelle Reaktionsmuster
Die Prozesse im Lead-Nurturing müssen so gestaltet sein, dass eine schnelle Reaktion auf die Kontaktaufnahmen durch die Leads erfolgen kann. Die Bedeutung einer schnellen Reaktion wird allein dadurch deutlich, wenn man sein eigenes Verhalten beobachtet. Wird eine Anfrage schnell beantwortet, wird dies höher bewertet, als wenn es länger dauert. Ab einer individuellen „Schmerzgrenze" verzichtet man auf einen erneuten Kontaktversuch, wenn es noch Alternativen im Markt gibt.

Vollständige Datenerfassung und Datenanalyse
Zur Erfüllung der Forderung nach dem richtigen Content zum richtigen Zeitpunkt helfen nur Daten, die alle Kontakte mit den Leads umfassen müssen: was macht der Lead, wie lange beschäftigt er sich mit welchen Inhalten, welche Whitepaper, E-Books etc. werden wann über welchen Kanal angefordert, welche Reaktionen erfolgen wann auf E-Mails, etc.

Neben der adäquaten Hard- und Software benötigen die Unternehmen aber auch Mitarbeitende, die in Lage sind, die Systeme so einzustellen, dass sie genau auf die Herausforderungen im Unternehmen ausgerichtet sind. Weiterhin muss die Kompetenz vorhanden sein, dass aus den Analyseergebnissen die richtigen Entscheidungen getroffen werden und dass alle Betroffenen die für sie relevanten

Information möglichst in Echtzeit zugespielt bekommen. Abteilungs- oder Gruppengrenzen dürfen keine Hindernisse darstellen, was leider in der Praxis noch zu häufig vorkommt.

Einbeziehung externer Rahmenbedingungen
Wenn die Marktanalyse kontinuierlich durchgeführt wird, können sich auch Aspekte ergeben, die für das Lead-Nurturing von Interesse sind. Zum Beispiel, wenn es neue Förderlinien gibt oder neue Gesetze verabschiedet werden, kann sich die Situation für die Unternehmen dahingehend ändern, dass Investitionen vorgezogen bzw. diese zunächst verworfen werden. Ebenso haben Veränderungen bei den Konkurrenten oder generell in der Branche einen Einfluss auf das Investitionsverhalten. Im internationalen Geschäft können sich veränderte Mehrheiten in der Regierung, Währungsschwankungen, Naturkatastrophen oder auch kriegerische Auseinandersetzungen zu einer notwendigen Neubewertung der Leads führen.

Auch hier sollten nicht wahllos Daten erfasst werden, sondern es muss im Vorfeld ein Modell entworfen werden, anhand dessen die einzelnen Einflussfaktoren benannt und ihre Auswirkungen auf die mögliche Kaufentscheidung transparent gemacht werden. Können zusätzliche Daten nicht zu Informationen umgewandelt werden, bringt dies mehr Verwirrung als Vorteile für das eigene Unternehmen.

Merksatz 16: Voraussetzungen eines erfolgreichen Lead-Nurturings sind eine schnelle und punktgenaue Ansprache der Leads. Hierzu müssen die Mitarbeitenden über eine ausreichende Datenkompetenz verfügen.

Lead-Scoring und Lead-Routing
Das Lead-Scoring erfolgt parallel zum Lead-Nurturing und gibt konkrete Auskunft darüber, wie sich der Lead weiterentwickelt. Ziel des Lead-Scorings ist es, die Leads zu identifizieren, die aufgrund ihres Potenzials (muss vorher operationalisiert werden) in die Lead-Integration überführt werden sollen.

Lead-Scoring-Ansätze werden in der Literatur vielfältig beschrieben, wobei deutlich wird, dass es auch hier kein Standardmodell gibt. Die konkrete Definition der einzelnen Scores muss von Unternehmen zu Unternehmen eigenständig durchgeführt werden. Hierbei sollten alle Beteiligten mitarbeiten. Wichtig ist, dass zum Schluss ein Bewertungsmodell vorliegt, das von allen Führungskräften und Mitarbeitenden akzeptiert und in gleicher Art und Weise interpretiert wird.

Der Unterschied zwischen der Lead-Segmentierung und dem Lead-Scoring besteht darin, dass beim Lead-Scoring die Datenlage durch des Lead-Nurturing deutlich besser sein sollte, als dies bei der Lead-Segmentierung üblicherweise

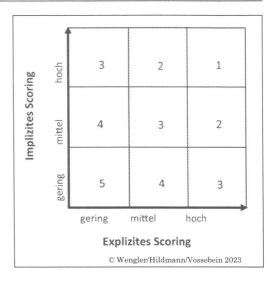

der Fall ist. Es ist aber auch möglich, nur ein Modell zu etablieren, dass immer
wieder zum Einsatz kommt.

Ein in der Unternehmenspraxis häufige eingesetztes Scoring-Modell ist eine
zweidimensionale Matrix, anhand derer die expliziten und die impliziten Bewer-
tungskriterien gegenübergestellt werden (vgl. Abb. 4.6).[1]

Ähnlich einem Produktportfolio lassen sich damit die Leads bestimmen, die
genügend Potenzial ausweisen, um in die Lead-Integration weitergeleitet zu
werden.

Bezogen auf die Matrix in Abb. 4.6 würden die Leads im Quadranten 1
zur Lead-Integration weitergeleitet werden (=Lead-Routing). Die nächsten wären
dann die Leads in den Quadranten 2. Hierbei dürfte in erster Linie relevant
sein, wie viele Leads in der Lead-Integration aktuell bearbeitet werden können.
Ähnlich sieht es mit den Quadraten 3 aus. Fehlen Leads in den beiden ersten Quadranten, in der Lead-Integration besteht aber ein Defizit, kann man auch Leads
aus den Quadraten 3 weiterleiten. Leads in den Quadranten 4 und 5 sollten weiter
im Rahmen des Lead-Nurturing aufgebaut werden.

Explizite Scoring-Dimensionen sind beispielsweise:

---

[1] (Wuttke 2023).

- Position des Leads im Unternehmen
- Eigentümer geführt/Management geführt
- Betriebsgröße (Umsatz, Gewinn)
- Technologieausstattung
- Bonität des Unternehmens
- Innovationsbereitschaft
- Produktportfolio
- etc.

Implizite Scoring-Dimensionen, aus denen man die Kaufwahrscheinlichkeit des Leads ableiten kann, sind zum Beispiel:

- Besuch der Unternehmens-Website
- Download eines Whitepapers/E-Books
- Reaktion auf E-Mails
- Verwendung des Produktkonfigurators
- Download von Produktdatenblätter
- Konkrete Produktanfrage
- Verhalten in den sozialen Netzwerken
- Teilnahme an Veranstaltungen des Unternehmens
- etc.

Die einzelnen Dimensionen müssen nun vom Unternehmen mit Werten (Scores) versehen werden. Zum Beispiel könnte die Bewertung in Bezug auf die Position des Leads wie folgt aussehen:

• Geschäftsführer/Vorstand:	50 Punkte
• Prokurist:	40 Punkte
• Abteilungsleiter:	30 Punkte
• Gruppenleiter:	10 Punkte

Bei den impliziten Dimensionen könnte folgende Bewertung gewählt werden:

• Besuch der Unternehmens-Website:	05 Punkte
• Download E-Book:	15 Punkte
• Verwendung des Produktkonfigurators:	35 Punkte
• Konkrete Produktanfrage:	50 Punkte

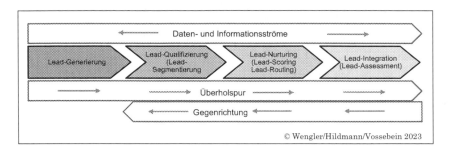

© Wengler/Hildmann/Vossebein 2023

Abb. 4.7 Der erweiterte Lead-Management-Prozess

Die Bewertung der einzelnen Dimensionen geschieht hierbei nicht willkür-
lich, sondern muss kontinuierlich an die aktuellen Erkenntnisse angepasst werden.
Jeder Lead, der zum Kunden wird, hat eine Historie, die wichtige Erkenntnisse
für die Bewertung zukünftiger Leads beinhaltet.

Die obigen Ausführungen machen deutlich, dass es im Lead-Management
nicht nur immer in eine Richtung geht, sondern dass Leads auch zurückgestuft
werden können. Andererseits können Leads auch direkt nach der Generierung zur
Lead-Integration weitergereicht werden, wenn die Voraussetzungen vorliegen. In
Abb. 4.7 ist deshalb ein erweiterter Lead-Management-Prozess dargestellt, der
diese beiden Aspekte auch optisch berücksichtigt.

Ein weiterer, ganz entscheidender Punkt ist der kontinuierliche Daten- und
Informationsaustausch in beide Richtungen. Das Lead-Management insgesamt
kann nur effizient gestaltet werden, wenn alle Beteiligten vollen Zugriff auf alle
relevanten Daten haben und diese für ihren Aufgabenbereich nutzen können. Dieser barrierefreie Datenaustausch wird mit zunehmender Digitalisierung immer
bedeutsamer und ist eine Voraussetzung für den Einsatz von KI.

**Merksatz 17: Die Bewertung der Leads im Lead-Nurturing (Lead-Scoring)
muss individuell auf das Unternehmen abgestimmt werden. Hierzu ist sowohl
Marketing- als auch Vertriebs-Know-how erforderlich.**

4.5   Lead-Integration

Im letzten Schritt des Lead-Managements werden die potenziellen Kunden konkret in das vertriebliche Tagesgeschäft integriert. Jetzt geht es um den Zeitpunkt und die Inhalte der direkten Ansprache des Leads. Die Informationslage sollte so gut sein, dass dem potenziellen Kunden ein erstes Angebot unterbreitet werden kann, dass dessen Wünsche schon recht nahekommt. Der weitere Verlauf der Verhandlungen sowie die sich anschließende Transaktionsphase gehören inhaltlich nicht mehr zum Lead-Management. Trotzdem sollten alle weiteren Erfahrungen mit dem potenziellen Kunden erfasst und so gespeichert werden, dass sie zur weiteren Verbesserung der Persona-Beschreibungen bzw. der Aktivitäten in der Lead-Qualifizierung und des Lead-Nurturings beitragen.

Da die Kriterien des Lead-Scorings in der Regel sehr Lead-bezogen sind, wird in der Lead-Integration häufig das Lead-Assessment eingesetzt, um eine noch bessere Klassifizierung der Leads erreichen zu können.

Lead-Assessment

Im Lead-Assessment erfolgt eine abschließende ökonomische Bewertung der Leads, indem nicht nur die monetäre Attraktivität der Leads, sondern auch die sich ergebenden Akquisitionskosten betrachtet werden. Eine mögliche Vorgehensweise ist in Abb. 4.8 sowie in den Tab. 4.2 und 4.3 beispielhaft dargestellt.

Der Aufbau in Abb. 4.8 ist analog zum Lead-Scoring in Abb. 4.6. Leads im Quadranten 1 haben die höchste Priorität, dann folgen die Quadranten 2 und mit einem Fragezeichen die Quadranten 3. Leads, die nur die Quadranten 4 und 5 erreichen, können wieder ins Lead-Nurturing zurückgeführt werden.

Die Datengewinnung für diese Portfolios ist in vielen Unternehmen immer noch eine große Herausforderung, weil die dafür notwendigen Prozesse und Datenstrukturen noch nicht festgelegt wurden. Zunächst müssen die notwendigen Informationsinhalte definiert werden, bevor die zur Verfügung stehenden Informationsquellen identifiziert werden. Eine notwendige Voraussetzung ist, dass diese Informationsquellen auch für das Unternehmen zugänglich sind. Die einzelnen Erkenntnisse können anschließend analog zum Lead-Scoring (Abschn. 4.4) mit Scoring-Punkten versehen werden. Die Ausgestaltung der Informationserfassung hängt stark von der Branche und den Möglichkeiten der digitalen Erfassung der Informationen ab. Festgehalten werden sollte aber, dass es unbedingt erforderlich ist, zunächst den Informationsbedarf zu definieren, bevor Daten erhoben werden.

Merksatz 18: Bei der Lead-Integration werden neben der Kundenbewertung insbesondere die Akquisekosten in den Fokus gestellt.

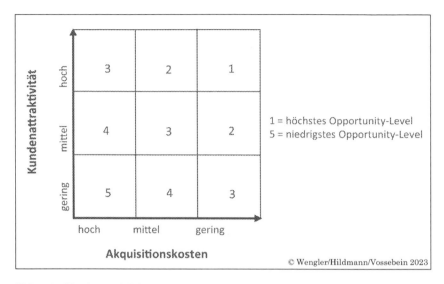

Abb. 4.8   Kundenattraktivitäts-Akquisitionskosten-Portfolio

Tab. 4.2   Kundenattraktivität

Kundenattraktivität	Daten	Datenquelle
Einkaufsrichtlinien (K.O.-Kriterium)	Relevante Richtlinie	• Geschäftsbericht/Homepage
(Potenzielles) Nachfragevolumen	• Umsatz im relevanten Bereich • Wachstumsaussicht • Relevantes Innovationspotenzial	• Geschäftsbericht • Verbraucherstudien • Homepage/Soziale Medien
Marktstellung/Image	• Marktanteil • Image	• Branchenstudien/-berichte • Soziale Netzwerke/ Imagestudie
Zahlungsverhalten/Bonität	• Bonität	• Schufa (u.a.)
Erwartete Margen	• Wettbewerbsstärke • Kundenbindungspotenzial	• Wettbewerbsanalyse • Eigene Bewertung
Wechselbereitschaft	• Zufriedenheit mit aktuellen Lieferanten • Systembindung	• Wettbewerbsanalyse • Branchenstudien/Wettbewerbsanalyse
Portfolio-Effekte	• Diversifikationsfaktor	• Branchenstudien/Kundenanalyse

© Wengler/Hildmann/Vossebein 2023

Tab. 4.3 Akquisitionskosten

Akquisitionskosten	Daten	Datenquelle

Finanzbudget	• Personalkosten (siehe Personalbudget)
	• Sachmittel:
	 - Informationsbeschaffung
	  - fremde / eigene Studien
	  - Reisekosten
	  - Erstellung von Materialien:
	   - Muster
	   - Informationsmaterial
	  - weitere Sachmittel
		• Siehe Personalbudget
		
		• Erfahrungswerte
		• Angebote von Dienstleistern
		• Internet
		• Rücksprache mit Konstruktion /
		 Musterbau
		• Controlling / Rechnungswesen

Personalbudget	• Abgleich benötigte zu vorhandenen Kompetenzen • Benötigte Personalressourcen • Verfügbare freie Personalressourcen • Vorbereitete Neueinstellungen / Mitarbeiter, die das Unternehmen verlassen wollen • Verfügbarkeit von externen Dienstleistern	• Kompetenzatlas des Unternehmens • Erfahrungswerte • Personalabteilung • Angebote am Markt (Internet, Kaltakquise, etc.)

© Wengler/Hildmann/Vossebein 2023

4.6 Controlling

Für ein erfolgreiches Lead-Management ist ein entsprechendes Controlling unabdingbar. Die Auswahl der richtigen KPIs und eine übersichtliche Darstellung mittels eines leicht verständlichen Dashboards soll sicherstellen, dass die Mitarbeitenden Transparenz über ihre Arbeit/Erfolge/Fortschritte in Echtzeit erhalten, um auf Planabweichungen schnell reagieren zu können. In der Praxis gibt es eine Reihe von allgemein akzeptierten KPIs, die zur Steuerung des Lead-Managements eingesetzt werden. Hierzu zählen zum Beispiel:

- Click-Rate
  Sie gibt an, wie oft zum Beispiel die Website oder eine E-Mail angeklickt wurde. Hierbei sollte man zwischen der reinen Open-Rate und der Click-Through-Rate, die anzeigt, ob Unterseiten, und wenn ja, welche, auf der Website angeschaut wurden, unterscheiden.
- Conversion-Rate
  Hierbei geht es nicht nur um die Frage, wie viele Kontakte über die Lead-Generierung entstehen, sondern man kann die Conversion-Rate von Stufe zu Stufe (Interest-to-Lead; Lead-to-Customer) berechnen, um die Wirkung der einzelnen Maßnahmen beurteilen zu können.
- Churn-Rate
  Die Churn-Rate gibt an, wie viele Leads zukünftig keinen Kontakt mit dem Unternehmen aufnehmen möchten. Dies kann beispielsweise durch die Kündigung der Newsletter zum Ausdruck gebracht werden.

- Lead-Duration
  Hiermit wird aufgezeigt, wie lange es dauert, um einen Lead von einer Stufe im Lead-Management-Prozess zur nächsten zu bringen.
- Sales Cycle
  Dieser Wert gibt an, wie lange es im Durchschnitt dauert, bis es vom Erstkontakt zu einem Vertragsabschluss kommt.
- ROI (Return on Investment) der Lead-Management-Kampagne
  Der ROI gibt an, ob sich die aktuelle Lead-Management-Kampagne gelohnt hat, dies bedeutet, dass der zusätzliche Profit über den Kosten der Kampagne liegt.
- Cost-per-Lead
  Durchschnittliche Kosten zur Generierung eines Leads
- Cost-per-Order
  Durchschnittliche Kosten pro Vertragsabschluss, wobei hierbei alle entstandenen Kosten berücksichtigt werden.

Auf die Aufzählung weiterer möglicher KPIs soll an dieser Stelle verzichtet werden, da es kein „optimales" Set an KPIs gibt, sondern diese von Unternehmen zu Unternehmen individuell definiert werden müssen. Bei der Festlegung auf bestimmte KPIs sollte man sich genau darüber im Klaren sein, was gemessen wird und welche Aussagen nicht möglich sind. So gibt zum Beispiel die Churn-Rate zwar an, welche Leads zukünftig nicht mehr mit dem Unternehmen in Kontakt treten möchten, die Gründe hierfür bleiben allerdings im Dunkeln. Bevor im Unternehmen darüber spekuliert wird, warum die Leads abspringen, sollte man eine entsprechende Marktforschungsstudie initiieren, um die „Wahrheit" in Bezug auf das Verhalten der Leads zu erfahren.

Die KPIs in Bezug auf die Kosten eines Leads bzw. eines Vertragsabschlusses sind sehr sinnvoll, in der Praxis aber nicht so leicht zu berechnen. Zur Erreichung valider Ergebnisse ist hier eine Prozesskostenrechnung notwendig, die aber insbesondere im KMU-Bereich häufig nicht vorhanden ist. Annäherungen können sinnvoll sein, können aber auch ein ganz falsches Bild der Realität liefern. Man sollte nur die KPIs zur Steuerung des Lead-Managements einsetzen, bei denen man sich ausreichend sicher ist, dass das „Richtige" gemessen wird.

Merksatz 19: Bei der Bestimmung der KPIs ist deren Validität eine notwendige Voraussetzung. Nur die KPIs, die die „wahren" Gegebenheiten abbilden, sind erfolgsrelevant.

Künstliche Intelligenz (KI) im Lead-Management

5

Ähnlich wie vor einigen Jahren bei der Thematik „Digitale Transformation im Vertrieb" kann man heute kaum eine Zeitung aufschlagen oder eine Webseite lesen, ohne den Begriff der „Künstlichen Intelligenz" zu finden. Alle schwärmen von den riesigen Potenzialen der KI; alle geben an, mittlerweile aktiv mit KI zu arbeiten. Schaut man sich aber die Realität in den (deutschen) Unternehmen an, so zeigt sich sehr deutlich, dass es große Differenzen zwischen dem theoretisch Möglichen und der aktuellen Situation in den meisten Unternehmen gibt.

Exkurs: KI – Revolution oder Evolution?
Die Eigenschaft von künstlicher Intelligenz ist es, schnell Zusammenhänge in großen Datenmengen zu finden und es damit zu ermöglichen, bei einer neuen Eingabe eine Wahrscheinlichkeitsvorhersage zu treffen, wie diese Eingabe mit anderen Daten zusammenhängt. Hierbei erfolgt die Projektion in die Zukunft immer anhand vergangener Muster, was nicht immer unproblematisch ist. Darüber hinaus kann KI in vielfältigen Prozessen zur Beschleunigung und zur besseren Personalisierung eingesetzt werden.

Bei Unternehmen, die über große Datenmengen verfügen und bereits fortgeschrittene statistische Methoden im Lead-Management einsetzen, wirkt KI evolutionär und kann zu weiteren Effizienzgewinnen führen. Firmen, die bisher noch keine statistikbasierten Methoden einsetzen, werden KI als Revolution erleben, da in vielen Bereichen zunächst völlig neue Arbeitsabläufe und Vorgehensweisen gelernt und etabliert werden müssen.

In beiden Fällen können mithilfe der KI-Technologien nicht nur Kosten reduziert werden, sondern es ergeben sich in der Regel auch Qualitätssteigerungen. Darüber

U. Vossebein et al., *Lead-Management*, essentials,
https://doi.org/10.1007/978-3-658-44535-5_5

hinaus können die Mitarbeitenden entlastet werden, die die freie Arbeitszeit dann für höherwertigere Aufgaben einsetzen können.

Es wurde im vierten Kapitel schon deutlich, dass wesentliche Effizienzsteigerungen im Lead-Management nur mithilfe der digitalen Transformation erfolgreich realisiert werden können. Diese Transformation ist eine notwendige Bedingung, um überhaupt den nächsten Effizienzsprung mithilfe von KI machen zu können.

Künstliche Intelligenz ist bei einigen Unternehmen schon in den Lead-Management-Prozess integriert, wobei dies bisher eher die Ausnahme darstellt. Eine Studie aus 2023 belegt, dass rund 12,5 % der Unternehmen mit mindestens 10 Mitarbeitenden bereits KI einsetzen, wobei die Großunternehmen (35 %) im Nutzungsverhalten deutlich über den mittleren (16 %; 50 bis 249 Beschäftigte) und den kleinen Unternehmen (10 %; 10 bis 49 Beschäftigte) liegen.[1] Die Hauptanwendungsgebiete liegen hierbei nicht im Marketing- und Vertriebsbereich, sondern im Controlling und der Finanzverwaltung (25 %), der IT-Sicherheit (24 %) und für Produktions- und Dienstleistungsprozesse (22 %). Die am häufigsten genutzten KI-Technologien sind hierbei:

- Spracherkennung (43 %)
- Automatisierung von Arbeitsabläufen und zur Hilfe zur Entscheidungsfindung (32 %)
- Technologien zur Analyse von Schriftproben bzw. Textmining (30 %)

Gründe für den aktuellen Nichteinsatz von KI sind insbesondere:

- Fehlendes Wissen (72 %)
- Inkompatibilität mit den aktuellen Geräten, Softwarelösungen und Systemen (54 %)
- Schwierigkeit bei der Verfügbarkeit und der Qualität der Daten (53 %)
- Unklarheit über die rechtlichen Folgen (51 %)

Anhand der Daten wird deutlich, dass das Thema KI zwar hochaktuell ist, dass aber zwischen den theoretischen Möglichkeiten und der praktischen Umsetzung noch viele Fragen offen sind. Die Unternehmen, die bisher keine Kompetenzen in Bezug auf KI im Unternehmen haben oder deren Datenbeschaffung nicht vollständig bzw. nicht qualitätsgesichert ist, sollten erst dann ernsthaft über KI-Lösungen nachdenken, wenn diese Baustellen behoben sind. Ansonsten befinden

---

[1] (Destatis 2023).

sie sich auf einem ineffizienten Pfad (vgl. Kap. 6) und verbrauchen wertvolle Ressourcen, ohne einen Vorteil daraus erzielen zu können.

Die in der Studie am häufigsten genannten eingesetzten KI-Technologien lassen sich alle auch im Rahmen des Lead-Managements sinnvoll integrieren, wenn die Rahmenbedingungen entsprechend gestaltet sind.

Ein großes Einsatzgebiet für KI in den verschiedenen Prozessschritten des Lead-Managements ist die Aufbereitung personalisierter Informationen, wobei hierbei mit Computerlinguistik (Natural-Language-Generation) gearbeitet werden kann.

Darüber hinaus kann mithilfe von KI die datenbasierte Analyse wesentlich tiefgehender und präziser erfolgen, da anhand der vielfältigen Informationen über das Verhalten im Netz Muster erkannt werden können, die eine Bewertung der Leads erleichtern. Der richtige Einsatz von KI ermöglicht auch eine Bewertung der Leads in Echtzeit, sodass schneller auf ein verändertes Verhalten der Leads reagiert werden kann. Deutliche Effizienzsteigerungen können ebenfalls durch den Einsatz von Predictive Lead-Scoring-Modellen realisiert werden. Anhand der vielfältigen Daten können pro Lead verlässlichere Wahrscheinlichkeiten in Bezug auf einen eventuellen Abschluss berechnet und das Scoring-Modell kann kontinuierlich an sich veränderte Rahmenbedingungen angepasst werden. Unterstützen kann die KI das Unternehmen auch im Bereich Lead-Nurturing, da die Individualisierung der Kommunikation und die personalisierte Ansprache in automatisierter Form erleichtert bzw. erst ermöglicht wird. Ein weiterer großer Vorteil ergibt sich dadurch, dass das Timing und die Frequenz der Kommunikation mit dem Lead noch genauer auf die aktuelle Lage des Leads in der Customer Journey abgestimmt werden können, was zu einer Erhöhung der Wahrscheinlichkeit eines zukünftigen Kaufs durch den Lead führt.

Zu beachten ist im Zusammenhang mit dem Einsatz von KI im Lead-Management, dass es zwar mehrere Einsatzgebiete gibt, in denen sie relativ leicht implementiert werden können, Spracherkennung, Text-Mining etc., da die Lernphasen für die KI überschaubar sind. Geht es aber um eine echte Integration in den Geschäftsprozess der Unternehmen, um z. B. die Frage nach den Wahrscheinlichkeiten für einen späteren Vertragsabschluss zu klären, ist der Aufwand um ein Vielfaches höher. Damit die KI richtig funktionieren kann, muss sie angelernt werden. Dies bedeutet in Bezug auf die Wahrscheinlichkeiten, dass es genügend Fälle geben muss, in denen es zum Vertragsabschluss kam bzw. die Bemühungen nicht erfolgreich waren. Es müssen von Anfang an alle Daten bzgl. des Leads erfasst und strukturiert abgespeichert werden, damit später Beziehungen bzw. Korrelationen berechnet werden können. An dieser Voraussetzung scheitern viele Ansätze in der Praxis, weil einfach zu wenige spezifische Daten zum

Anlernen der KI vorliegen. Eine wichtige Rolle spielt hierbei der Geschäftstyp, in denen die Unternehmen aktiv sind. So sind im Zuliefer- und Projektgeschäft die Einsatzmöglichkeiten von KI im Lead-Management eher eingeschränkt, da es zu wenig Leads und Geschäftsabschlüsse gibt, die zur Feinabstimmung der KI notwendig sind. Anders sieht es dagegen im Produkt- und Systemgeschäft aus, da dort die Anzahl potenzieller Leads deutlich höher ist, sodass mehr Chancen bestehen, dass eine KI-Technologie zur Bestimmung der Wahrscheinlichkeiten für einen zukünftigen Vertragsabschluss angelernt werden kann.

Merksatz 20: KI bietet vielfältige Einsatzmöglichkeiten im Lead-Management. Voraussetzung sind aber entsprechende Daten sowie Kompetenzen, um die KI gezielt einsetzen zu können.

Exzellenz im Lead-Management

6

In diesem Kapitel wird ein strukturierter Ausblick darauf geben, welche Weichen das Management eines Unternehmens – am besten schon von Beginn an – stellen muss, um mittel- bis langfristig Exzellenz im Lead-Management zu erreichen. Grundlagen für die Überlegungen bilden dabei die notwendigen Prozessschritte und Aktivitäten des Lead-Management-Prozesses, die im 4. Kapitel im Detail beschrieben wurden, sowie die im 5. Kapitel erläuterten Herausforderungen der digitalen Transformation sowie des Einsatzes von KI. Auch wenn es manchmal auf den ersten Blick zu akademisch wirkt, wenn in diesem essential so vieles zu bedenken geben wird, so fasst das Zitat eines Geschäftsführers eines bekannten deutschen Großunternehmens die Ausgangslage äußerst treffend zusammen: „Es gibt einfach keine Abkürzungen bei der Digitalisierung! Alles, was man am Anfang nicht ausreichend bedacht hat, muss man im Nachgang doppelt und dreifach bezahlen. In wie vielen Projekten mussten wir dies nicht alles schon erleben – und jedes Mal machen wir denselben Fehler, weil wir auf eine Abkürzung gehofft hatten."

Aus diesem Grund wird nochmals das bereits vorgestellte Modell der digitalen Transformation mit seinen drei Basisdimensionen aufgegriffen. Zunächst werden diese näher betrachtet und aufgezeigt, welche Anforderungen jeweils erfüllt werden müssen. Beispielhafte Methoden und Hinweise erleichtern die Umsetzung im Unternehmen. Im letzten Abschnitt wird ein Reifegradmodell zur Bestimmung der Position im Exzellenz-Modell vorgestellt.

© Der/die Autor(en), exklusiv lizenziert an Springer Fachmedien Wiesbaden GmbH, ein Teil von Springer Nature 2024
U. Vossebein et al., *Lead-Management*, essentials,
https://doi.org/10.1007/978-3-658-44535-5_6

6.1   Prozesse

Die erste Basisdimension sind die Prozesse. Beim Lead-Management muss nicht nur der Hauptprozess klar definiert sein. Auch alle Teilprozesse, die sich auf einzelne Aktivitäten beziehen, müssen eindeutig und transparent festgelegt sein und alle damit verbundenen relevanten Informationen den Beteiligten zur Verfügung stehen. Dies fängt bereits bei der Lead-Generierung an, denn unabhängig davon, ob Inbound- oder Outbound-Aktivitäten ergriffen werden sollen, muss das Ineinandergreifen der dazugehörigen Prozesse geklärt werden, um eine anschließende Digitalisierung so gut wie möglich vorzubereiten. Je größer die Menge der erwarteten Leads ist, desto notwendiger ist eine weitgehende Automatisierung der möglichen Vorgehensweise.

Die Prozessbetrachtung verdeutlich erneut, dass im Lead-Management eine abteilungsbezogene Sichtweise nicht zielführend ist, da bereits bei der Festlegung der Art, wie die Leads generiert werden sollen, sowohl Marketing- als auch Vertriebs-Know-how benötigt werden. Diese notwendige Zusammenarbeit von Marketing und Vertrieb zieht sich durch den gesamten Lead-Management-Prozess und stellt einen der wichtigsten Erfolgsfaktoren dar.

Zielsetzung ist, dass alle Vorgänge im Lead-Management im Rahmen einer möglichst vollständigen Prozesslandschaft dargestellt werden, in der die gegenseitigen Abhängigkeiten und logischen Verknüpfungen klar visualisiert werden. Zur Erstellung dieser Prozesslandschaft können die klassischen Tools des Prozessmanagements herangezogen werden. Informationsquellen für die Prozessbeschreibung sind zum Beispiel:[1]

- Bestehende Dokumente
- Datenbanken
- Interviews
- Beobachtungen
- etc.

Zur Analyse der Prozesse könnte ein Interviewleitfaden wie folgt strukturiert werden:

- Was wird benötigt? (Was will der Lead?)
- Was passiert? (Was passiert genau in diesem Prozessschritt und welches Ergebnis kann durch den Prozess erzielt werden?)

---

[1] (Benes und Groh 2022, S. 162 ff.).

Tab. 6.1 Bewertung von Prozessen

Bewertung der Prozessergebnisse	Bewertung des Managements von Prozessen
Prozessgeschwindigkeit	Prozessführung
Prozessflexibilität	Prozessgestaltung
(Kunden-)Leadzufriedenheit	Prozessabstimmung
Prozesskosten	Prozessmessung
Prozessqualität	Qualitätsnachweis
Prozessstabilität	
Prozesseffizienz	

- Wie? (Wie sind die einzelnen Prozessaktivitäten bisher dokumentiert? Wo liegen die Schnittstellen zu anderen Prozessen?)
- Wie oft? (Wie oft wird der Prozess wahrscheinlich in einer bestimmten Zeitspanne durchgeführt? Wie kann die Prozesszeit gemessen werden?)
- Mit wem? (Wer ist für die Ausführung des Prozesses verantwortlich? Verfügen die Ausführenden über die notwendigen Kompetenzen?)
- Mit was? (Welche Ressourcen werden für den Prozess benötigt und inwieweit stehen diese zur Verfügung?)

Abschließend bewertet werden kann der einzelne Prozess sowohl in Bezug auf das Prozessergebnis als auch in Bezug auf das Management des Prozesses (vgl. Tab. 6.1).

Die aufgezeigten Instrumente im Rahmen der Prozessgestaltung, -analyse und -bewertung stellen mögliche Vorgehensweisen dar, wobei im Unternehmen überlegt werden muss, was die sinnvollste Vorgehensweise ist. Unabdingbar ist allerdings die möglichst vollständige Erfassung aller Prozesse in einer Prozesslandkarte, inkl. der Identifikation der Schnittstellen sowie einer kontinuierlichen Analyse und Bewertung der Prozesse. Entscheidend ist zudem, dass zu jeder Zeit für jeden Prozess ein Prozessverantwortlicher benannt werden kann.

Merksatz 21: Ohne eine genaue Analyse und Dokumentation aller Prozesse und deren Schnittstellen ist ein erfolgreiches Lead-Management nicht möglich.

6.2   Menschen

Diese Basisdimension umfasst sowohl die Mitarbeitenden, das Management als auch die Aufbau- und Ablauforganisation. Übertragen auf das Lead-Management ergeben sich damit verschiedene Fragestellungen.

Aus den genannten Gründen sollte im Bereich der Organisation intensiv darüber nachgedacht werden, ob man weiterhin mit den zwei getrennten Abteilungen Marketing und Vertrieb arbeiten möchte. In der in Kap. 1 erwähnten Studie zeigte sich, dass erst rund ein Viertel der Unternehmen die Trennung der beiden Abteilungen aufgehoben haben. Es ist zu vermuten, dass dies vorrangig in den Unternehmen geschehen ist, die sich im Zuliefer- und Projektgeschäft befinden, da dort durch die individuelle Kundenbeziehung und die langen Verhandlungsrunden vor der eigentlichen Vertragsunterzeichnung mehr technisches und Vertriebs- als Marketing-Know-how benötigt werden. Liegt der Schwerpunkt der Marketingaufgaben im Bereich der Event- bzw. Messevorbereitung und der Zurverfügungstellung von Kommunikationsmitteln, ist eine Eingliederung in eine gemeinsame Abteilung sicher einfacher, als wenn im „Marketingbereich" zunächst strategische Fragen zur Markt- und Markenpositionierung getroffen werden müssen. Trotz aller Vorbehalte beider Abteilungen sollte eine Zusammenlegung nicht ausgeschlossen werden, sondern es müssen Wege aufgezeigt werden, wie eine Zusammenführung sinnvoll gestaltet werden kann. Durch die zunehmende Digitalisierung und den Einzug der Künstlichen Intelligenz in Marketing und Vertrieb werden auf jeden Fall bestehende Strukturen und Gewohnheiten grundsätzlich hinterfragt werden müssen. Dies betrifft nicht nur einzelne Aufgaben, sondern zum Beispiel auch die Frage der zukünftigen Entlohnung.

Das Management muss sich zudem den neuen Rahmenbedingungen sowie den Anforderungen und Wünschen der auf den Arbeitsmarkt drängenden Generation Z anpassen. Durch die Corona-Pandemie ist das Thema Home-Office über Nacht so präsent geworden, wie sich dies niemand vorher vorstellen konnte. Was am Anfang eine notwendige Maßnahme war, hat sich heute bei vielen Arbeitnehmern als eine persönlich bessere Form des Arbeitsumfelds herausgestellt. Durch den Wegfall der Fahrzeiten und der flexibleren Arbeitsgestaltung möchten viele Arbeitnehmer nicht mehr 5-mal in der Woche ins Büro fahren. Für das Management bedeutet dies aber, dass die Mitarbeitenden nicht mehr im Büro anzutreffen und damit ansprechbar sind, sondern die Führung digital erfolgen muss. Hinzu kommt, dass viele Abläufe digitalisiert werden müssen, um zukünftig konkurrenzfähig zu bleiben. Dies betrifft auch den Bereich des Lead-Managements. Durch die eventuelle Zusammenlegung der beiden Abteilungen Marketing und Vertrieb müssen die Abteilungsstrukturen sowie die Aufgabenverteilung neu durchdacht und umgesetzt werden. Eine Verbindung der beiden Abteilungen wird wenig bringen, wenn nicht kompetenzübergreifend Teams gebildet werden. Für die Führungskräfte kommt es deshalb besonders darauf an, dass ihre Mitarbeitenden Vertrauen zu ihnen haben und dass eine gegenseitige Wertschätzung die Basis ihrer Zusammenarbeit ist.

Die Mitarbeitenden müssen zukünftig noch mehr digitale Kompetenzen aufweisen. Dies bedeutet nicht, dass sie selbst programmieren sollen, sondern dass sie mit den neuen Angeboten (wie z. B. ChatGPT) umgehen können, indem sie die damit verbundenen Vorteile nutzen, die Gefahren aber gezielt vermeiden. Dringend notwendig erscheint auch eine ausgeprägte Datenkompetenz. Dies bedeutet, dass sie in der Lage sind, aus den Ergebnissen der zahlreichen Analysetools die richtigen Schlüsse zu ziehen. Eine hohe Bereitschaft zur Weiterbildung, die Befähigung zum vernetzten bzw. interdisziplinären Denken und Handeln sowie eine ausgeprägte Kundenorientierung sollten ebenfalls vorhanden sein. Nur dann können Unternehmen ihren Mitarbeitern auch die zukünftig erforderliche Prozess- und Ergebnisverantwortung bedenkenlos übertragen.

Aufgrund der digitalen Transformation stehen viele Unternehmen an einem richtungsweisenden Scheideweg: Mitdenkende und eigenverantwortlich handelnde Mitarbeiter und Führungskräfte können durch eine kluge Ausgestaltung der IT-Systeme profitieren, indem sie mehr (dezentrale) Entscheidungsbefugnisse im Sinne eines Empowerments erhalten. In diesen Fällen wird der gesamte Lead-Management-Prozess mit relevanten Daten kontinuierlich angereichert und die Mitarbeitenden können je nach Bedarf flexibel im Sinne des Kunden reagieren, weil die IT-Systeme passend zum Lead-Management-Prozess programmiert worden sind. Werden diese Kompetenzen den Mitarbeitern und Führungskräften jedoch nicht zugetraut bzw. die Vorteile eines solchen Flexibilisierungspotenzials vom Unternehmensmanagement nicht erkannt, droht die Gefahr einer Standardisierung des Lead-Management-Prozesses. Standardisierung bedeutet in der Regel Kostenreduzierung, die aber in vielen Fällen durch nicht optimale Lösungen erkauft wird.

Merksatz 22: Die Menschen werden zukünftig anderen Tätigkeiten im Zusammenhang mit dem Lead-Management übernehmen, auf die sie aber frühzeitig vorbereitet werden müssen.

6.3   Daten

Die dritte zu beachtende Basisdimension betrifft die Daten. Wesentliche Themen
der Basisdimension Daten sind:

* Datengenerierung
* Datenanalyse
* Datenbereitstellung
* IT-Infrastruktur

Am Beginn der Datengenerierung muss die Datenstrategie stehen. Diese ist nicht
auf das Lead-Management beschränkt, sondern sollte den gesamten Vertriebsprozess umfassen. Anschließend kann man anhand der nachfolgenden vier Schritte
eine zielgerichtete Datengenerierung etablieren:

* Bestimmung und Festlegung des Datenbedarfs und des verfügbaren Budgets
* Standardisierung von Datenstrukturen, Datenformaten und Schnittstellen,
  soweit dies möglich und sinnvoll ist
* Sicherstellung der Datenqualität, Datenhoheit und des Datenschutzes
* Automatisierung der Datengenerierung

Die Herausforderung bei der Datengenerierung besteht darin, dass unterschiedliche Datenquellen mit verschiedenen Datenformaten (Logdaten, Videos, Beiträge
in sozialen Netzwerken, Gesprächsnotizen, Text-Mining etc.) miteinander verbunden werden müssen. Entsprechend müssen möglichst einheitliche Datenstrukturen, Datenformate und Schnittstellen von Beginn an definiert werden.

Ebenso wichtig für die Erzeugung korrekter Ergebnisse ist die Qualität der
Daten, die kontinuierlich überprüft werden muss. Hierbei sind folgende Kriterien
zu beachten:

* Fehlerfreiheit
* Aktive Daten, kein Datenfriedhof
* Gesicherte und kontrollierte Daten
* Systemkonforme Daten (müssen in das Datenmodell passen)
* Vollständige Daten

Zur Datenanalyse gibt es zahlreiche statistische Methoden, die sowohl einfache Abhängigkeiten als auch komplexe Datenzusammenhänge aufzeigen können.
Die Weiterentwicklung der Analyseinstrumente wird durch den Einsatz von

KI an Geschwindigkeit gewinnen. Das bedeutet gleichzeitig, dass immer mehr (nicht weniger!) Daten- und Analyse-Know-how notwendig sein wird, um die Analyseergebnisse auch zielgerichtet im Unternehmen nutzen zu können.

Hohe Anforderungen werden heutzutage auch an die Datenbereitstellung gestellt. Die unterschiedlichen Nutzergruppen müssen die Analyseergebnisse zweifelsfrei in ihre Arbeitsprozesse integrieren können. Die Gestaltung von Dash-Boards oder anderen Darstellungsformen muss an den Kompetenzen der Adressaten ausgerichtet werden. Sollten hier Defizite bestehen, müssen zunächst Schulungen durchgeführt und dann das Dash-Board angepasst werden.

Die IT-Infrastruktur vieler Unternehmen bleibt aktuell oftmals hinter den Prozessanforderungen zurück, da Fachkräfte fehlen und die Anzahl der Bewerber mit entsprechenden Kompetenzen im IT-Bereich deutlich unter der der Nachfrage liegt. Hinzu kommt, dass durch die immer schnellere Entwicklung sowohl bei der Datenerhebung als auch bei der Datenanalyse ständig neue Kompetenzen erworben werden müssen. Trotzdem kann man nur immer wieder empfehlen, dass keine Software angeschafft wird, bevor nicht sichergestellt wurde, dass diese den aktuellen und zukünftigen Anforderungen im Unternehmen entspricht.

Merksatz 23: Zunächst müssen die Prozesse, die vorhandenen Kompetenzen der Mitarbeitenden sowie die notwendigen Datenanforderungen und Datenstrukturen definiert werden, bevor irgendwelche IT-Struktur-relevanten Entscheidungen getroffen werden.

6.4 Der Weg zur Exzellenz im Lead-Management

In den Abschn. 6.1 bis 6.3 wurden die Herausforderungen und der Umgang mit den drei Basisdimensionen kurz aufgezeigt. Es wurde an verschiedenen Stellen die Forderung nach einer gleichförmigen Entwicklung der drei Dimensionen angesprochen, um sinnlose Investitionen in einzelne Bereiche zu verhindern. In Tab. 6.2 sind die Reifegrade der drei Basisdimensionen beispielhaft operationalisiert, sodass die Position im Exzellenz-Würfel (vgl. Abb. 2.8) bestimmt werden kann. Für das Controlling bedeutet dies, dass die einzelnen Ausprägungen der verschiedenen Reifegrade gemessen und bewertet werden müssen, damit eine reale Einschätzung der aktuellen Position erfolgen kann.

Wichtig ist, dass in allen drei Basisdimensionen die Reifegrade parallel erreicht werden. Hat man beispielsweise in die Daten investiert, sodass der Datenaustausch problemlos funktioniert, und gleichzeigt dafür gesorgt, dass viele Analysen bereits automatisch ablaufen, dann bringt dies wenig, wenn sich die

Tab. 6.2 Auf dem Weg zur Exzellenz im Lead-Management

	Reifegrad 1	Reifegrad 2	Reifegrad 3	Reifegrad 4	Reifegrad 5
Prozesse	Grundprozess Lead-Management besteht	Alle Teilprozesse sind dokumentiert und transparent	Innerhalb der einzelnen Prozessschritte gibt es erste Digitalisierungen	Die Schnittstellen zwischen den Teilprozessen sind definiert und bereiten keine Probleme	Alle Prozesse sind aufeinander abgestimmt (Prozesslandkarte) und weitestgehend digitalisiert
Menschen	Jeder Mitarbeitende kennt den Lead-Management-Prozess oberflächlich	Jeder Mitarbeitende kennt seine Rolle im Lead-Management und die für ihn relevanten Prozesse	Die Mitarbeitenden begrüßen die Digitalisierung und beteiligen sich an der Umstellung ihrer Prozesse	Das Abteilungsdenken geht stark zurück und die Mitarbeitenden können immer besser mit den Daten umgehen	Alle Beteiligten verhalten sich entsprechend der Prozesslandkarte und können die Analyseergebnisse gezielt nutzen
Daten	Die Daten werden abteilungsweise bzw. pro Prozessschritt erfasst	Der Datenbedarf für den Gesamtprozess Lead-Management ist bekannt und dokumentiert (Datenstrategie)	Die Datenlage ist stabil und qualitätsgesichert. Erste Digitalisierungen erleichtern die Datenerhebung und -analyse	Der Datenaustausch funktioniert in allen Bereichen und die notwendigen Analysen können teilweise automatisch durchgeführt werden	Die Datenerhebung erfolgt soweit möglich automatisch und viele Ergebnisse stehen in Realtime zur Verfügung

„Menschen" noch auf ihre Rolle im Lead-Management fokussieren und den gesamten Ablauf gar nicht im Blick haben. Ähnlich sieht es aus, wenn die Prozesse digitalisiert werden sollen, ohne dass vorher die Qualität der Daten gesichert ist.

Unter den Abschn. 6.1 bis 6.3 wurden einige Hinweise zum Umgang mit den drei Basisdimensionen gegeben, die natürlich nur einen ersten Einblick verschaffen konnten. Werden diese berücksichtig und schafft man es, die Entwicklung der Basisdimensionen weitestgehend synchron zu gestalten, ist der Weg zur Exzellenz im Lead-Management über den Exzellenz-Kanal möglich.

Das Erreichen des 5. Reifegrades in allen drei Basisdimensionen ist aber kein Grund, seine Anstrengungen zu verringern, da durch die kontinuierliche Weiterentwicklung gerade im Bereich der Digitalisierung immer neue Herausforderungen und damit Chancen auf den Unternehmen zukommen. Insbesondere durch die Zunahme von Lösungen mit Hilfe der Künstlichen Intelligenz werden sich auch die Anforderungen an das Lead-Management in den kommenden Jahren stark verändern.

Merksatz 24: Die Operationalisierung der einzelnen Reifegrade muss im Zusammenspiel zwischen Marketing, Vertrieb und IT erfolgen. Die Reifegrade geben einen Hinweis darauf, in welche Basisdimension zukünftig als erstes investiert werden sollte.

Checkliste zur Einführung eines Lead-Managements

7

Die Checkliste ist eine praxisorientierte Handreichung für die Implementierung eines Lead-Managements bzw. dessen Optimierung. Die Checkliste beginnt bewusst mit einem Self-Assessment (Tab. 7.1), um den aktuellen Stand des Lead-Managements im Unternehmen erfassen und bewerten zu können. Das Self-Assessment sollte am besten im Rahmen eines eintägigen Workshops erfolgen, an dem unbedingt alle Personen teilnehmen sollten, die bislang und zukünftig Aufgaben im Lead-Management übernehmen. Zur Wahrung der Objektivität empfiehlt es sich, den Workshop von einem externen Moderator leiten zu lassen.

Sollte mehr als ein Geschäftstyp bedient werden, müssen die nachfolgenden Checklisten pro Geschäftstyp bearbeitet werden, um die individuellen Unterschiede in den konkreten Maßnahmen ausreichend berücksichtigen zu können. Es beginnt zunächst auf der strategischen Ebene (Tab. 7.2).

Die Checklisten für den mehr **operativen Bereich** sind in drei Teilbereiche untergliedert:

- Basisdimensionen, bezogen auf den gesamten Lead-Management-Prozess (Tab. 7.3)
- Einzelne Prozessschritte (Tab. 7.4)
- Abschließende Gesamtbetrachtung (Tab. 7.5)

Anhand der beantworteten Fragen wird leicht ersichtlich, wo aktuell ein Verbesserungspotenzial im Bereich des Lead-Managements liegt bzw. an welchen Stellen eine kurzfristige Anpassung erfolgen sollte. Da ein Lead-Management nicht statisch ist, sollte die Checkliste regelmäßig durchgegangen und bei Bedarf ergänzt werden.

© Der/die Autor(en), exklusiv lizenziert an Springer Fachmedien Wiesbaden GmbH, ein Teil von Springer Nature 2024
U. Vossebein et al., *Lead-Management*, essentials,
https://doi.org/10.1007/978-3-658-44535-5_7

Tab. 7.1 Struktur Self-Assessment

Welchen Stellenwert hat das Lead-Management bislang im Unternehmen gehabt?	
Wie gut wurden bislang die gesetzten Ziele im Lead-Management erreicht? Warum (nicht)?	
Welche strategischen Herausforderungen ergeben sich aktuell im Lead-Management?	
Welche zukünftigen Ziele sollen durch das Lead-Management bis wann erreicht werden?	Anzahl gewonnener Neukunden Umsatzsteigerung in Prozent Gewinnsteigerung in Prozent Planungshorizont (Monate, Jahre)
Wie sollen sich die Neukunden auf die drei strategischen Zielsetzungen des Lead-Managements verteilen?	Erweiterung des Kundenstamms: ____% Veränderung der Kundenstruktur: ____% Ersatz verlorener Kunden: ____%
Werden unterschiedliche Geschäftstypen bedient? Wenn ja, welche? In welchen Geschäftstypen hat das Lead-Management zukünftig welche Bedeutung?	Produktgeschäft: Systemgeschäft: Anlagengeschäft: Zuliefergeschäft:

Merksatz 25: Der Detaillierungsgrad einer Checkliste muss vom Unternehmen bestimmt werden. Es ist aber immer besser, zu viele Punkte aufzunehmen, als einen wichtigen Aspekt zu vergessen.

Tab. 7.2 Fragen auf der strategischen Ebene

Welche Zielgruppen sollen primär angesprochen werden? Welche Hauptmerkmale hat diese Zielgruppe?	Branche Unternehmensgröße Innovationsgrad Eingesetzte Technologien Bedarf an welchen Produkten des eigenen Produktportfolios etc.
Gibt es bzgl. der Zielgruppen schon Personas im Bestandskundenstamm? Wenn ja, sind diese noch ausreichend aktuell?	Es wurden bereits ___ Personas definiert
Welche Ressourcen stehen für das Lead-Management prinzipiell zur Verfügung? Werden diese als ausreichend angesehen bezogen auf die obige Zielsetzung?	Finanzielle Ressourcen: _____ € Arbeitszeit: _____ Mitarbeitendentage IT-Beratung und Unterstützung: _____ Tage/Wochen Ext. Unterstützung: _____ € etc.
Inwieweit ist die Lead-Management-Strategie in die Vertriebsstrategie eingebunden?	Vollständig Teilweise Noch nicht
Wer ist für das Lead-Management im Unternehmen zuständig?	
Wer unterstützt im Vorstand/der Geschäftsführung das Lead-Management?	
Welcher Reifegrad wird bzgl. der Basisdimensionen angestrebt?	Prozesse Menschen Daten
In welchen Bereichen gibt es Defizite? Welche Kompetenzbereiche müssen kurzfristig ausgebaut werden?	Marketing Vertrieb IT Sonstige
Mit welchen Maßnahmen sollen die Defizite behoben werden?	Schulung der Mitarbeitenden Neueinstellungen Dienstleister Kooperationen Sonstiges
Welche Erweiterungen im Bereich IT sind bzgl. des Lead-Managements notwendig?	Software Hardware

(Fortsetzung)

Tab. 7.2 (Fortsetzung)

Welche Aspekte werden durch die Datenstrategie abgedeckt?	
Wie fällt insgesamt die Bewertung des Lead-Managements aus?	Volle Zufriedenheit Geringes Verbesserungspotenzial Mittleres Verbesserungspotenzial Starkes Verbesserungspotenzial
Was sind die nächsten Schritte?	

Tab. 7.3 Fragen zu den Basisdimensionen, bezogen auf den gesamten Lead-Management-Prozess

Prozesse	• Gibt es klar definierte Prozesse für diesen Prozessschritt? • Sind die Prozesse dokumentiert und kommuniziert? • Werden die Prozesse kontinuierlich optimiert? • Werden die Prozesse entsprechend umgesetzt? • Werden sinnvolle Möglichkeiten der digitalen Transformation zeitnah umgesetzt? • Welche Veränderungen sind bzgl. der Dimension Prozesse notwendig?
Menschen	• Sind die notwendigen Kompetenzen verfügbar? • Gibt es Schnittstellen, die den Prozess behindern? • Gibt es klare Zuordnungen für Teilbereiche des Prozessschritts? • Gibt es organisatorische Regelungen, die den Ablauf behindern? • Gibt es ein Eskalationssystem bei Unklarheiten? • Gibt es regelmäßige Meetings mit allen Beteiligten zur Diskussion offener Fragen? • Welche Veränderungen sind bzgl. der Dimension Menschen notwendig?
Daten	• Welche Datenquellen können genutzt werden? • Werden die Daten kontinuierlich ergänzt? • Sind die Daten den Beteiligten zugänglich? • Wird die Datenqualität regelmäßig sichergestellt? • Erfolg eine zielgerichtete Datenanalyse und Datenaufbereitung (z. B. für ein Dashboard)? • Wird das Potenzial der Daten genutzt? • Welche zusätzlichen Daten wären zur Verbesserung der Entscheidungen sinnvoll? • Werden alle Regeln des Datenschutzes eingehalten? • Welche Veränderungen sind bzgl. der Dimension Daten notwendig?

Tab. 7.4 Fragen zu den einzelnen Prozessschritten

Lead-Generierung	• Welche Kenntnisse über die Customer Journey der Zielgruppe liegen aktuell vor? • Gibt es Erkenntnisse über die bisher gewählten Touchpoints? • Welche Möglichkeiten stehen dem Unternehmen im Bereich Inbound- und Outbound-Marketing zur Verfügung? • Welche Möglichkeiten dieser beiden Vorgehensweisen sollen warum eingesetzt werden? • Stehen genug Kompetenzen und Kapazitäten für das Content-Management zur Verfügung? • Inwieweit entspricht die Zielgruppe bereits vorhandener Bestandskunden? • Inwieweit konnte der Bedarf der Zielgruppe richtig prognostiziert werden? • Welche KPIs konnten bei der Lead-Generierung erfüllt werden? • Welche Aktivitäten waren besonders erfolgreich?
Lead-Qualifizierung	• Können die Daten aus der Lead-Generierung automatisch in die Lead-Qualifizierung übertragen werden? • Welche Möglichkeiten werden aktuell zur Lead-Qualifizierung genutzt? Welche weiteren Möglichkeiten sollten zukünftig warum eingesetzt werden? • Wie werden die durchgeführten Aktivitäten bewertet? • Wie erfolgt die Zuordnung: „Hat Interesse"? Ergeben sich in diesem Punkt Verbesserungspotenziale? • Welche Kriterien werden aktuell zur Lead-Segmentierung eingesetzt? Inwieweit hat sich diese Vorgehensweise bewährt? Welche Anpassungen sollten zukünftig warum vorgenommen werden? • Erfolgt die Lead-Segmentierung automatisch und passt sich den aktuellen Entwicklungen an?

(Fortsetzung)

Tab. 7.4 (Fortsetzung)

Lead-Nurturing	• Welche Möglichkeiten werden im Lead-Nurturing aktuell eingesetzt? • Inwieweit erfolgt eine Differenzierung der Ansprache der Leads? • Wie hoch liegt der Anteil der personalisierten Ansprachen? Entspricht dies der Zielvorgabe? • Wie werden die Touchpoints zur Ansprache der Leads bestimmt? Werden hierfür Wahrscheinlichkeiten berechnet? Wenn ja, wie erfolgt diese Berechnung? • Welche Verbesserungspotenziale ergeben sich bei der Ansprache der Leads? • Wie schnell kann auf Aktivitäten bzw. Ansprachen der Leads reagiert werden? Liegt dieser Zeitraum im Bereich der Zielvorgabe? • Wird das Scoring-Modell von allen Beteiligten akzeptiert? • Inwieweit ist das Scoring-Modell digitalisiert und automatisiert? • Wie erfolgt die Optimierung des Scoring-Modells aufgrund neuer Daten? • Treten bei der Weiterleitung der Leads zur Lead-Integration Probleme auf? Wie können diese Probleme gelöst werden?
Lead-Integration	• Hat sich das aktuelle Lead-Assessment bewährt? Wenn Probleme auftreten, wie können diese behoben werden? • Wie schnell können die Leads in der Lead-Integration direkt angesprochen werden? Liegt dieser Wert im Zielbereich? • Wie oft stimmen die Inhalte der Angebote mit den Bedarfen der Leads überein? • Können die KPIs im Lead-Integration erfüllt werden? Bei Abweichungen (nach oben und unten), welche Gründe sind hierfür verantwortlich?

Tab. 7.5   Fragen zur abschließende Gesamtbetrachtung

- Gibt es eine Prozesslandkarte für den gesamten Lead-Management-Prozess?
- Treten an einer oder mehreren Stellen Kompetenz- oder Kapazitätsprobleme auf?
- Gibt es ein Datenstrukturmodell, in das sich die Datenmodelle der einzelnen Prozessschritte integrieren lassen?
- Erfolgt die Beschleunigung (direkte Weitergabe der Leads in später liegende Prozessschritte) bzw. Rückführung (Zurückstufung der Leads in schon durchlaufene Prozessschritte) reibungslos?
- Sind die definierten KPIs geeignet, den Lead-Management-Prozess zu steuern, oder sind Veränderungen sinnvoll?
- Wird die aktuelle Entwicklung im Bereich der KI verfolgt und auf Einsatzmöglichkeiten im Lead-Management bewertet?
- Welche Basisdimension sollte im nächsten Schritt priorisiert werden? Welche Zielabweichungen haben sich in der letzten Periode ergeben und welche Erklärungsansätze ergeben sich hierfür?

Fazit und Blick in die Zukunft

8

Die Ausführungen in diesem essential haben nicht nur deutlich gemacht, dass der Lead-Management-Prozess ein sehr wichtiger, aber auch in vielen Unternehmen viel zu wenig beachteter Vertriebsprozess ist. Darüber hinaus wurde insbesondere aufgezeigt, dass im Lead-Management durch den Einsatz digitaler Technologien noch ein großes Entwicklungspotenzial für viele Unternehmen aktiviert werden kann. Studien und Praxisgespräche belegen immer wieder, dass es sowohl bei der Datenverfügbarkeit als auch beim Know-how Defizite gibt, die eine Weiterentwicklung des Lead-Managements ver- oder zumindest behindern.

In Praxisprojekten zeigt sich ebenfalls, dass beim Aufbau des Lead-Managements wichtige strategische Prozess- und Managemententscheidungen nicht getroffen wurden. Dadurch ergeben sich Probleme, die im täglichen Betrieb nur mit hohem Aufwand zu lösen sind. An erster Stelle steht dabei vor allem die Schnittstelle zwischen Marketing und Vertrieb. Die Sinnhaftigkeit einer Zusammenarbeit wird zwar schon weitgehend anerkannt, aber es fehlt an einem entsprechenden Verhalten in den Unternehmen. Auch im Bereich der drei Basisdimensionen Prozesse, Menschen und Daten ergeben sich zahlreiche Herausforderungen, die gerade in den KMUs nur schwer zu bewältigen sind. Fehlen geeignete Fachkräfte und hat man keine eigenen Kompetenzen im Unternehmen, muss man diese Defizite durch gezielte Weiterbildungen, Neueinstellungen oder über Kooperationen, zum Beispiel mit Hochschulen, verfügbar machen. Die Zusammenarbeit mit Dienstleistern ist zwar häufig der schnellste Weg zu einer Lösung, führt aber oftmals nur zur Implementierung wenig sinnvoller Standardlösungen. Nur wenn das Unternehmen systematisch eigenes Know-how im Lead-Management aufbaut, kann es dieses auch zukunftsfähig gestalten und die notwendigen neuen Kunden erfolgreich gewinnen.

U. Vossebein et al., *Lead-Management*, essentials,
https://doi.org/10.1007/978-3-658-44535-5_8

Die Zukunft wird auch im Lead-Management immer digitaler werden. Dies bedeutet gleichzeitig, dass die datenbasierte Vertriebsarbeit weiter zunehmen wird. Darauf müssen sich die Unternehmen einstellen – mit klugen Strategien für Prozesse, Menschen und Daten!

Was Sie aus diesem *essential* mitnehmen können

- Die Gewissheit, dass es keine Standardlösung für das Lead-Management gibt, sondern insbesondere die Geschäftstypen beachtet werden müssen.
- Eine klare Begründung für die Erweiterung des „normalen" Lead-Management-Prozesses.
- Den Beleg, dass durch eine abgestimmte Weiterentwicklung der Prozesse, Menschen und Daten, Kosten reduziert und die Qualität im Lead-Management verbessert werden können.
- Die Erkenntnis, dass die digitale Transformation im Lead-Management eine notwendige Bedingung zur Umsetzung der meisten Tools im Lead-Management ist und dass Künstliche Intelligenz nur dann erfolgreich eingesetzt werden kann, wenn genügend Daten und Know how im Unternehmen vorhanden sind.
- Eine Checkliste, um gezielt das höchste Exzellenzniveau im Lead-Management zu erreichen. In der Checkliste werden alle relevanten Aspekte des strategischen und des operativen Lead-Managements angesprochen.

Literatur

AditoSoftware GmbH. 2023. Smarketing – Die Zukunft von Sales und Marketing. https://www.adito.de/whitepaper/studie-smarketing.html. Zugegriffen: 30. Dez. 2023.

Backhaus, Klaus, und Markus Voeth. 2014. *Industriegütermarketing*, 10. Aufl. München: Vahlen.

Benes, Georg, und Peter E. Groh. 2022. *Grundlagen des Qualitätsmanagements*, 5. Aufl. München: Hanser.

Destatis. 2023. https://www.destatis.de/DE/Presse/Pressemitteilungen/2023/11/PD23_453_52911.html. Zugegriffen: 30. Dez. 2023.

Wuttke, Laurenz. 2023. Lead Scoring: Definition, Prozess und Unterschiede zwischen B2B vs. B2C. https://datasolut.com/lead-scoring/. Zugegriffen: 30.Dez. 2023.

Weiterführende Literatur

Dwivedi, Y.K., L. Hughes, E. Ismagilova, G. Aarts, C. Coombs, T. Crick, und M.D. Williams. 2021. Artificial Intelligence (AI): Multidisciplinary perspectives on emerging challenges, opportunities, and agenda for research, practice and policy. *International Journal of Information Management* 57:101994.

Fuderholz, J. 2017. *Professionelles Lead Management*. Wiesbaden: Springer VS.

Jobber, D., G. Lancaster, und K. Le Meunier-FitzHugh. 2019. *Selling and sales management*. London: PearsonUK.

Kleinaltenkamp, M., und S. Saab. 2021. *Technischer Vertrieb: Eine praxisorientierte Einführung in das Business-to-Business-Marketing*, 2. Aufl. Berlin: Springer.

Le Meunier-FitzHugh, K. 2011. Exploring the relationship between market orientation and sales and marketing collaboration. *Journal of Personal Selling & Sales Management* 31(3):287–296.

Singh, J., K. Flaherty, R.S. Sohi, D. Deeter-Schmelz, J. Habel, K. Le Meunier-FitzHugh, A. Malshe, R. Mullins, und V. Onyemah. 2019. Sales profession and professionals in the age of digitization and artificial intelligence technologies: Concepts, priorities, and questions. *Journal of Personal Selling&Sales Management* 39(1):1–21.

Wengler, S. (2020) *Grundlagen des Marketing im Digitalen Zeitalter: Theorien – Methoden – Fallbeispiele*. Weidenberg: Access Marketing Management e. V.

U. Vossebein et al., *Lead-Management*, essentials,
https://doi.org/10.1007/978-3-658-44535-5

Wengler, S., G. Hildmann, und U. Vossebein. 2017. Digitale Transformation im Vertrieb ist eine Frage des Geschäftstyps. *Sales Management Review* 26(6):58–65.

Wengler, S., G. Hildmann, und U. Vossebein. 2018. Die Vertriebshoheit durch Digitalisierung zurückerobern. *Sales Excellence* 27(12):44–47.

Wengler, S., G. Hildmann, und U. Vossebein. 2019. Die digitale Transformation als evolutionärer Prozess. *Sales Excellence* 28(12):40–43.

Wengler, S., G. Hildmann, und U. Vossebein. 2021. Digital transformation in sales as an evolving process. *Journal of Business & Industrial Marketing* 36(4):599–614.

Wieseke, J. 2022. *Die Sales Profit Chain: Wirkungsketten verstehen, Vertrieb optimieren, Profitabilität steigern.* Bochum: Sales Publishing Verlag.

Printed in the United States
by Baker & Taylor Publisher Services